《会计综合实训》编委会

主　　编：蔡宏标

副 主 编：李　焱

参编人员：赵红英　孙　影
　　　　　胡　英　谭昌林

高职高专实用教材

（第二版）

会计综合实训

ACCOUNTING
PRACTICAL TRAINING

蔡宏标　主编

暨南大学出版社
JINAN UNIVERSITY PRESS

中国·广州

图书在版编目（CIP）数据

会计综合实训/蔡宏标主编 . —2 版 . —广州：暨南大学出版社，2011.8（2019.2 重印）

（高职高专实用教材）

ISBN 978 - 7 - 81135 - 950 - 3

Ⅰ.①会…　Ⅱ.①蔡…　Ⅲ.①会计学—高等职业教育—教材　Ⅳ.①F230

中国版本图书馆 CIP 数据核字（2011）第 163286 号

会计综合实训（第二版）

KUAIJI ZONGHE SHIXUN（DIERBAN）

主　编：蔡宏标

出 版 人：徐义雄
责任编辑：曾鑫华
责任校对：周明恩

出版发行：暨南大学出版社（510630）
电　　话：总编室（8620）85221601
　　　　　营销部（8620）85225284　85228291　85228292（邮购）
传　　真：（8620）85221583（办公室）　　85223774（营销部）
网　　址：http：//www.jnupress.com
排　　版：广州市天河星辰文化发展部照排中心
印　　刷：湛江日报社印刷厂
开　　本：787mm×1092mm　1/16
印　　张：19.25
字　　数：260 千
版　　次：2009 年 5 月第 1 版　2011 年 8 月第 2 版
印　　次：2019 年 2 月第 7 次
印　　数：24001—25000 册
定　　价：39.80 元

前　言

根据中华人民共和国教育部教高〔2006〕16号文件精神，融"教、学、做"为一体，强化学生能力的培养，是全面提高高等职业教育教学质量的重要途径。会计综合实训是高职院校财经类专业会计实践教学环节的一个重要组成部分，在培养学生的实际操作能力、掌握操作技能方面有独特作用。

本教材是根据国家最新颁布的《企业会计准则》和《企业会计准则——应用指南》编写的，结合了编写团队成员多年的会计教学经验与长期会计工作经验，以高职人才培养目标为出发点，以企业实际业务为依托，以实际操作中典型工作任务为主线，设计科学合理的经济业务，满足财经类专业会计教学需要。

本教材具有如下特点：

1.结构新颖，内容丰富。传统的会计综合实训教材基本上都将企业业务集中安排在一个月内，使学生在实训过程中缺少跨月业务处理，对期初数据来源也缺少感性认识。本书将实训业务安排在两个月内，既不会出现业务的简单重复，又增加了跨月业务的分析和处理，丰富了实训内容，同时还增加了财务报表分析内容，结构安排尚属创新。

2.使用最新版本的银行结算凭证、发票和纳税申报表。目前出版的大多数教材所设计的原始单据都存在不同程度的陈旧，尤其是银行的结算凭证和发票，本书根据中国人民银行调整后的新版票据与结算凭证并结合目前使用的发票和纳税申报表，设计企业经济业务，确保本教材在原始单据上与时俱进，使模拟业务更接近现实。

3.仿真效果强。在原始单据的制作上严格按照相关制度要求，加盖了各类模拟实训章，所使用的原始单据尽量模拟目前使用的单据，力求更接近真实，使学生有身临其境的感觉。另外，书中还增添一些有问题的原始单据，要求学生进行职业判断，仿真性强。

4.系统性强。本书不仅涵盖了编制和审核原始凭证、填制记账凭证、登记账簿、编制科目汇总表和报表编制，而且增加了财务分析环节和纳税申报表格的填写环节，更加全面系统地模拟企业经济业务。

5.政策性强。本书以国家最新颁布的会计法、会计准则、经济法律法规、税收法律法规为依据进行经济业务设计，使学生能将理论与企业实际操作相结合，巩固所学理论知识。

6.难易度安排科学合理。为了让学生对会计业务处理有一个基本认识，第一个月安排简单的经济业务；为了提高学生对复杂业务的处理能力，第二个月增加业务处理的难度，要求学生对非货币性交易、债务重组、交易性金融资产减值等情况进行相应处理。

本教材不仅可作为财会类专业及相关专业实训教材，也可作为会计人员上岗培训教材。

本教材由蔡宏标担任主编，负责拟定大纲，设计全书经济业务并组织写作和协调工作，李焱、赵红英、孙影、胡英、谭昌林负责审核。

为增强实训效果，书中增加了模拟企业的相关资料，如与企业有雷同，纯属巧合。

由于我们的水平和经验有限，书中难免有不当之处，恳请广大读者批评指正！

使用本书的教师如果需要实训资料答案，请与出版社联系或以e-mail形式向主编索取（hongbiaocai@126.com）。

编　者

2014 年 7 月

目 录

第一部分 企业概况及会计核算程序

一、模拟企业基本情况介绍

▷ 公司名称：广东省南华股份有限公司
▷ 公司性质：股份有限公司（增值税一般纳税人）
▷ 公司地址：广州市天河区沙太南路 113 号
▷ 经营范围：甲产品、乙产品、丙产品
▷ 开户银行：中国工商银行广州天河北支行
▷ 银行账号：11475086
▷ 注册资本：10 000 000.00 元
▷ 法人代表：张田军
▷ 电话：020-87204089
▷ 纳税人识别号：440109845689784

二、模拟企业车间和人员设置

1. 车间设置

（1）公司下设两个基本生产车间——第一车间和第二车间，两个辅助生产车间——供热车间和供气车间，如表 1-1 所示。

表 1-1 车间设置情况

车间名称	车间类型
第一车间	基本生产车间
第二车间	基本生产车间
供热车间	辅助生产车间
供气车间	辅助生产车间

（2）第一车间生产甲产品，第二车间生产乙产品和丙产品，其中丙产品是 12 月份才开始生产的新产品。

2. 人员设置

公司的组织机构及主要负责人如表 1-2 所示。

1

表 1-2 公司的组织机构及主要责任人

部　门	职　务	主要人员
总经理室	总 经 理	杨天
办 公 室	主　　任	朱萄
财 务 部	部门经理	李营
	记账会计	王楚
	制单会计	学生本人
	出　　纳	刘飞
材料物资仓库	管 理 员	严实
产品仓库	管 理 员	孙力
加工车间	车间主任	马肖
供热车间	车间主任	毛易
计划物料部	部门经理	林海
资产管理部	部门经理	刘海
销 售 部	部门经理	金勇

三、模拟企业会计制度的有关规定及说明

1. 会计工作的组织及账务处理程序
公司会计工作的组织采用集中核算形式，账务处理采用科目汇总表程序，按月汇总。

2. 流动资产核算部分
(1) 公司会计核算以人民币为记账本位币。
(2) 公司库存现金限额为 5 000.00 元。
(3) 超过 1 500.00 元的支出一般通过银行转账方式进行结算。
(4) 公司经减值测试按应收款项余额的 5‰ 计提坏账准备。
(5) 原材料日常收发按计划成本计价核算，收入材料实际成本与计划成本的差异逐笔结转，材料成本的差异不细分明细核算。材料成本差异率月终计算，发出材料的计划成本与应负担的成本差异于月末一次性结转。
(6) 周转材料日常收发按实际成本计价核算。公司有工作服、专用工具两种低值易耗品，采用一次摊销法。包装箱采用五五摊销法。
(7) 期末对库存材料进行核实，采用永续盘存制的方法确定。
(8) 资产负债表日存货按成本与可变现净值孰低法计量，对成本高于可变现净值的差额，计提存货跌价准备。

3. 长期股权投资核算部分
(1) 公司对红星公司的投资比例为 20%，采用权益法核算；黄河股份采用成本法核算。
(2) 公司的长期投资期末按可收回金额与账面价值孰低法计量，对可收回金额低于账面价值的差额，计提长期投资减值准备。

4．固定资产核算部分

（1）采用年限平均法计提固定资产折旧。

（2）房屋建筑物类月折旧率为 1.96%，预计使用年限为 50 年；机器设备类月折旧率为 9.80%，预计使用年限为 10 年；固定资产净残值率均为原值的 2%。

（3）公司固定资产期末按可收回金额与账面价值孰低法计量，对可收回金额低于账面价值的差额，计提固定资产减值准备。

5．产品成本核算部分

（1）公司成本核算采用品种法。

（2）本公司设置三个成本项目：直接材料、直接人工、制造费用。

（3）生产不同产品共同耗用同一种材料，按定额耗用量比例分配。

（4）车间生产工人工资按产品生产工时比例在产品间进行分配。

（5）基本生产车间单独设置二级科目核算制造费用，按照产品生产工时比例分配。虽然 11 月份每个车间只生产一种产品，但制造费用均由若干费用项目构成，且从管理角度而言需要进行制造费用的结构分析与控制，所以 11 月份要求设置"制造费用"账户。

（6）辅助生产车间不单独设账核算制造费用。

（7）辅助生产费用 11 月份和 12 月份均采用直接分配法予以分配。

（8）月末在产品成本采用约当产量法计算，完工程度均为 50%。

（9）11 月份甲产品的投料方式为逐步投料，乙产品为一次投料；12 月新产品丙的投料方式为一次投料。

（10）主营业务成本期末一次结转，采用一次加权平均法计算。

6．税金及附加核算部分

（1）增值税。本公司为增值税的一般纳税人，税率为 17%。公司在采购与销售过程中所支付的运费，可根据运输部门的发票，以 7% 的扣除率计算增值税的进项税额。

（2）企业所得税。企业所得税税率为 25%，会计核算采用"资产负债表债务法"。企业所得税按季度申报。

（3）个人所得税。公司职工应负担的个人所得税由公司代扣代缴。

（4）其他税金及附加。乙产品消费税税率为 10%，城市维护建设税按流转税额的 7% 计算，教育费附加按流转税额的 3% 计算。

主要税种和税率如表 1-3 所示。

表 1-3　　　　　　　　　　　　主要税种和税率表

税　　种	税　　率
企业所得税	25%
增值税（一般纳税人）	17%
消费税（乙产品）	10%
城市维护建设税	7%
教育费附加	3%
地方教育费附加	2%

7. 长期负债核算部分

(1) 折（溢）价发行公司债券，采用实际利率法进行摊销。

(2) 为简化，发行债券用于购建固定资产，利息费用全部资本化。

(3) 为简化，长期借款按年付息，利息全部费用化。

8. 利润及利润分配核算部分

公司董事会决议通过的 2013 年利润分配方案为：

(1) 年末按净利润的 10% 提取法定盈余公积，按 5% 提取任意盈余公积。

(2) 以 2013 年全年可供投资者分配利润的 20% 向股东支付现金股利。

9. 其他

(1) 本书中原始凭证所涉及的业务印章如缺则一律假定省略（但发票专用章不得省略），经手人或制单人如缺则为实训者本人。

(2) 计算中一般要求精确到小数点后 2 位，尾差按业务需要进行调整。

(3) 本书多数地方大写金额或日期均需实训者根据资料要求补齐。

(4) 公司执行中华人民共和国财政部制定的最新《企业会计准则》。

(5) 为简化，往来客户银行账号只列最后八位。

(6) 本书中少数原始单据有意留误，请根据相关规定处理。

四、模拟企业往来客户的资料

往来客户的资料如表 1-4 所示。

表 1-4 　　　　　　　　　　　　　　往来客户的资料表

购货单位名称	纳税人识别号	地址、电话	开户银行及账号	是否一般纳税人
深圳飞跃有限责任公司	440305416486465	深圳市深南大道 303 号 0755－87204403	工商银行黄冈支行　77894333	是
广州宏远有限责任公司	440102358600545	广州市中山中路 505 号 020-87204088	工商银行东风支行　65432123	是
深圳南方有限责任公司	440305411234567	深圳市深南大道 286 号 0755－87204009	工商银行黄冈支行　88956613	是
上海飞环有限责任公司	310109325539784	上海市南京路 188 号 021-68795445	工行南京路支行　78965413	是
北京三亚有限责任公司	110104123147258	北京王府井大街 32 号 010-68935651	建行王府井支行　98765423	是
广东东风制造厂	440102747896323	广州市广州大道中 522 号 020-87204077	中行体育西支行　898565632	是
广州金阳有限责任公司	440102741258369	广州市北京路 115 号 020-87204009	工行北京路支行　25836953	否

五、模拟企业期初余额及相关资料

1. 有关总分类账及其明细分类账户期初余额

总分类账及其明细分类账户期初余额如表1-5所示。

表1-5　　　　　　　　总分类账及其明细分类账户期初余额表　　　　　　　单位：元

编号	总账账户	明细账户	借方余额	贷方余额	明细数据
1001	库存现金		3 000.00		
1002	银行存款		6 005 646.00		
1012	其他货币资金	外埠存款	20 000.00		
1101	交易性金融资产	东山股份	200 000.00		
1121	应收票据	上海飞环	100 000.00		
1122	应收账款		350 000.00		
		胜利公司	300 000.00		
		东方公司	50 000.00		
1231	坏账准备			17 500.00	全为应收账款
3	原材料		1 986 400.00		见表1-6
1404	材料成本差异		39 728.00		
5001	生产成本	基本生产成本	2 275 275.00		见表1-11
1411	周转材料		36 800.00		见表1-8
1405	库存商品		4 109 000.00		见表1-7
1471	存货跌价准备			0	
1511	长期股权投资		4 200 000.00		
		黄河股份	1 000 000.00		
		红星公司	3 200 000.00		
1601	固定资产		12 000 000.00		见表1-9 和表1-10
1602	累计折旧			3 528 000.00	
1603	固定资产减值准备			0	
1701	无形资产		720 000.00		见表1-12
		专利权	600 000.00		
		商标	120 000.00		
1702	累计摊销			144 000.00	
2001	短期借款			200 000.00	见表1-13
2201	应付票据	深圳南方		25 000.00	
2202	应付账款	广州金阳		123 000.00	
2211	应付职工薪酬			1 607 860.80	
		工资		1 177 920.00	

(续上表)

编号	总账账户	明细账户	借方余额	贷方余额	明细数据
		社会保险费		235 584.00	
		住房公积金		141 350.40	
		工会经费		23 558.40	
		职工教育经费		29 448.00	
2221	应交税费			928 413.03	
		未交增值税		485 307.48	
		应交消费税		271 880.94	
		应交城市维护建设税		53 003.19	
		应交个人所得税		80 362.00	
		应交教育费附加		22 715.65	
		应交地方教育费附加		15 143.77	
2231	应付利息			13 480.00	
		工行		480.00	
		中行		13 000.00	
2501	长期借款	中行		600 000.00	
4001	股本			10 000 000.00	
4002	资本公积	股本溢价		4 306 760.00	
4101	盈余公积			4 100 000.00	
		法定盈余公积		2 400 000.00	
		任意盈余公积		1 700 000.00	
4103	本年利润			5 089 740.00	
4104	利润分配	未分配利润		1 362 095.17	
合 计			32 045 849.00	32 045 849.00	

注：10月份利润总额为800 356.45。

2. "原材料"期初余额明细资料

"原材料"期初余额如表1-6所示。

表1-6　　　　　　　　　　　"原材料"期初余额表

名　称		规格	计量单位	数　量	计划单价(元)	金额(元)
原料及主要材料	A	H01	千克	65 000.00	11.00	715 000.00
	B	H02	千克	58 000.00	20.00	1 160 000.00
	小计	—	—	123 000.00	—	1 875 000.00
辅助材料	C	H03	千克	2 000.00	15.00	30 000.00
	D	H04	千克	4 000.00	5.00	20 000.00
	小计	—	—	6 000.00	—	50 000.00
外购件	E	H05	个	400	8.00	3 200.00
	F	H06	把	20	30.00	600.00
	小计	—	—	420.00	—	3 800.00
燃料	G	H07	吨	120.00	480.00	57 600.00
合　计		—	—	—	—	1 986 400.00

注：10月份材料成本差异率为2%。

6

3. "库存商品"期初余额明细资料

"库存商品"期初余额如表1-7所示。

表1-7　　　　　　　　　　　　"库存商品"期初余额表

名　称	编　号	计量单位	数　量	单位成本(元)	金　额(元)
甲	P01	个	25 000	125.00	3 125 000.00
乙	P02	个	12 000	82.00	984 000.00
合　计			37 000	—	4 109 000.00

4. "周转材料"期初余额明细资料

"周转材料"明细账户期初余额如表1-8所示。

表1-8　　　　　　　　　　"周转材料"明细账户期初余额表

明细账户	规格	计量单位	结存数量	实际单价(元)	结存金额(元)
工作服	GZ01	件	100	150.00	15 000.00
专用工具	GZ02	把	60	30.00	1 800.00
包装箱	GZ03	个	400	50.00	20 000.00
合　计			560	—	36 800.00

5. "固定资产"期初余额明细资料

"固定资产"期初余额如表1-9和表1-10所示。

表1-9　　　　　　　　　　"固定资产"期初余额表（1）　　　　　　单位：元

使用部门	房屋及建筑物			
	名称	原值	累计折旧	净值
第一车间	厂房—A	3 600 000.00	1 058 400.00	2 541 600.00
第二车间	厂房—B	2 400 000.00	705 600.00	1 694 400.00
辅助车间—供热	厂房—C	140 000.00	41 160.00	98 840.00
辅助车间—供气	厂房—D	100 000.00	29 400.00	70 600.00
管理部门	办公室—E	1 600 000.00	470 400.00	1 129 600.00
销售部门	办公室—F	1 200 000.00	352 800.00	847 200.00
合　计		9 040 000.00	2 657 760.00	6 382 240.00

表1-10　　　　　　　　　　"固定资产"期初余额表（2）　　　　　　单位：元

使用部门	机器设备			
	名称	原值	累计折旧	净值
第一车间	生产线—甲	1 200 000.00	352 800.00	847 200.00
第二车间	生产线—乙	1 000 000.00	294 000.00	706 000.00
辅助车间—供热	设备—甲	60 000.00	17 640.00	42 360.00
辅助车间—供气	设备—乙	200 000.00	58 800.00	141 200.00
管理部门	小轿车	300 000.00	88 200.00	211 800.00
销售部门	货车	200 000.00	58 800.00	141 200.00
合　计		2 960 000.00	870 240.00	2 089 760.00

6. "基本生产成本"期初余额明细资料

"基本生产成本"明细账户期初余额如表 1–11 所示。

表 1–11   "基本生产成本"明细账户期初余额表   单位：元

车　间	在产品名称	成本项目			合计
		直接材料	直接人工	制造费用	
第一车间	甲	568 420.00	295 400.00	114 200.00	978 020.00
第二车间	乙	805 695.00	359 000.00	132 560.00	1 297 255.00
合　计		1 374 115.00	654 400.00	246 760.00	2 275 275.00

7. 无形资产期初明细资料

11 月期初无形资产情况如表 1–12 所示。

表 1–12   11 月期初无形资产情况表   单位：元

无形资产	成　本	摊销期限(年)	累计摊销额	月摊销额
专利权	600 000.00	10	120 000.00	5 000.00
商　标	120 000.00	10	24 000.00	1 000.00
合计	720 000.00	—	144 000.00	6 000.00

8. 借款期初明细资料

11 月期初借款情况如表 1–13 所示。

表 1–13   11 月期初借款情况表

借款种类	借款时间	借款金额（元）	年利率	月利息（元）	已计提利息（元）	到期时间
长期借款	2013.06.01	600 000.00	5.20%	2 600.00	13 000.00	2014.12.31
短期借款	2013.10.01	200 000.00	2.88%	480.00	480.00	2013.12.31
合计	—	800 000.00	—	3 080.00	13 480.00	—

9. 产品生产工时资料

11 月和 12 月产品生产工时资料如表 1–14 和表 1–15 所示。

表 1–14   11 月产品生产工时资料

产品名称	甲	乙
生产工时(小时)	3 000	5 000

表 1–15   12 月产品生产工时资料

产品名称	甲	乙	丙
生产工时(小时)	3 000	4 500	500
材料定额消耗量(千克)	—	36	14

10. 损益类账户1—10月累计发生额

损益类账户1—10月累计发生额资料如表1-16所示。

表1-16　　　　　　　　　损益类账户1—10月累计发生额资料　　　　　　　单位：元

编号	科目名称	借方发生额	贷方发生额
6001	主营业务收入	48 260 000.00	48 260 000.00
6051	其他业务收入	456 300.00	456 300.00
6101	公允价值变动损益	20 000.00	20 000.00
6111	投资收益	124 000.00	124 000.00
6301	营业外收入	25 000.00	25 000.00
6401	主营业务成本	33 782 000.00	33 782 000.00
6402	其他业务成本	200 000.00	200 000.00
6403	营业税金及附加	2 689 600.00	2 689 600.00
6601	销售费用	2 413 000.00	2 413 000.00
6602	管理费用	1 447 800.00	1 447 800.00
6603	财务费用	24 000.00	24 000.00
6701	资产减值损失	6 000.00	6 000.00
6711	营业外支出	48 000.00	48 000.00
6801	所得税费用	3 185 160.00	3 185 160.00

注：10月份利润总额为800 356.45。

11. 11月和12月产品产量资料

11月和12月产品产量记录如表1-17和表1-18所示。

表1-17　　　　　　　　　　　11月份产品产量记录　　　　　　　　　　单位：个

产品名称	月初在产品	本月投产	本月完工	月末在产品
甲产品	8 150	24 338	12 000	20 488
乙产品	16 216	36 044	36 000	16 260

表1-18　　　　　　　　　　　12月份产品产量记录　　　　　　　　　　单位：个

产品名称	月初在产品	本月投产	本月完工	月末在产品
甲产品	20 488	14 312	15 000	19 800
乙产品	16 260	36 240	28 000	24 500
丙产品	0	20 500	2 500	18 000

12. 产品生产投料方式以及完工程度

11—12月产品生产投料方式以及完工程度如表1-19所示。

表1-19　　　　　　　　11—12月产品生产投料方式以及完工程度

项目	甲产品	乙产品	丙产品
投料方式	逐步投料	一次投料	一次投料
在产品完工程度	50%	50%	50%

13．生产工艺流程

11 月产品生产工艺流程如图 1-1 所示。

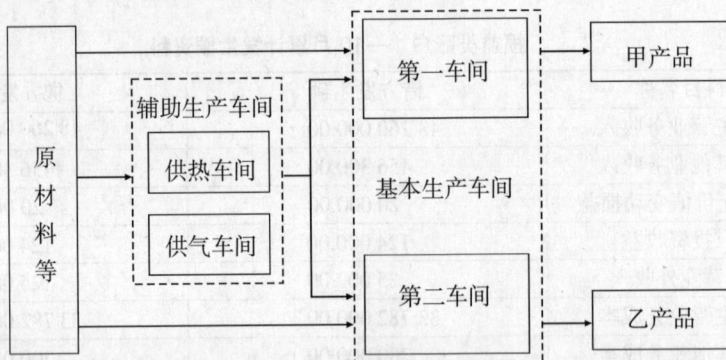

图 1-1　11 月产品生产工艺流程

12 月产品生产工艺流程如图 1-2 所示。

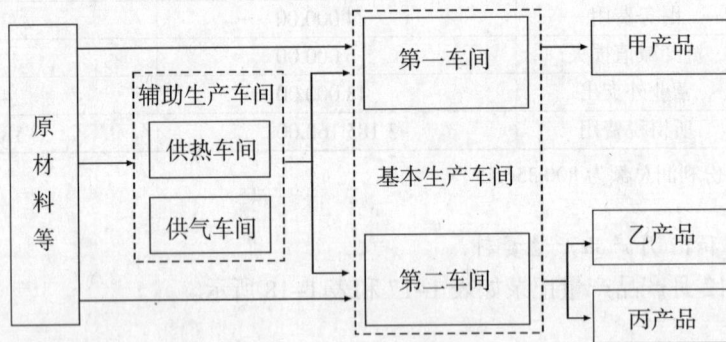

图 1-2　12 月产品生产工艺流程

14．记账流程

记账流程如图 1-3 所示。

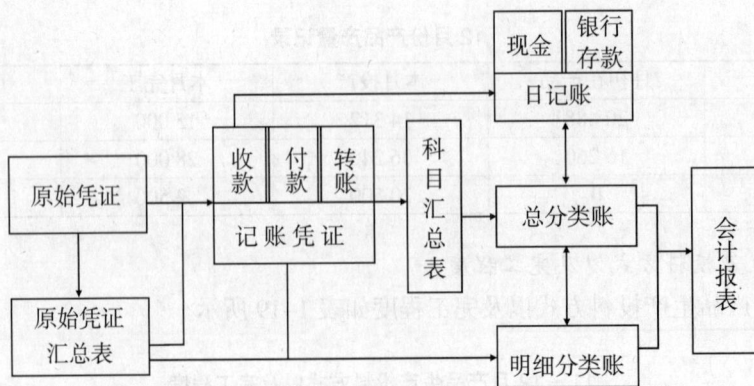

图 1-3　记账流程

注：→表示填制、登记、编制。

　　↔表示核对。

10

第二部分　经济业务

一、11 月份资料

业务 1

中国工商银行支票存根	中国工商银行　支票　IV V286001
IV V286001	

中国工商银行支票存根
IV V286001

附加信息
_____
_____
_____

出票日期 2013 年 11 月 1 日

收款人：广东省南华股份有
限公司

金　额：¥2 000.00

用　途：提现

单位主管　　会计

本支票付款期限十天

中国工商银行　支票　IV V286001

出票日期（大写）壹零壹叁年壹拾壹月零壹日　付款行名称：××××

收款人：广东省南华股份有限公司　　出票人账号：××××

人民币（大写）贰仟元整	千	百	十	万	千	百	十	元	角	分
				¥	2	0	0	0	0	0

用途　提现

上列款项请从
我账户支付

出票人签章　　　　复核　　　　记账

业务 2

中国工商银行　借款借据（收账通知）⑤

借款企业名称：广东省南华股份有限公司　　　　　　2013 年 11 月 1 日

贷款种类	长期借款	贷款账号	×××	企业开户行及账号	工行广州天河北支行 11475086									

借款金额	人民币（大写）叁拾万元整	千	百	十	万	千	百	十	元	角	分
			¥	3	0	0	0	0	0	0	0

借款用途	厂房改扩建	借款利率	6.00%

约定还款日期：2016 年 11 月 1 日　　期限：3 年　　于 2016 年 11 月 1 日到期

上述已批准发放，转入该单位存款账户。

天河北支行
2013.11.1
转讫

此致

单位
（银行签章）

单位分录：

借：_____
　贷：_____

主管　　会计　　复核　　记账

2013 年 11 月 1 日

此联转账后退还借款单位

注：该项目明年动工。

11

中国工商银行 长期借款合同 (摘要)

立合同单位:

贷款银行:中国工商银行天河北支行(以下简称甲方)

借款单位:广东省南华股份有限公司(以下简称乙方)

保证单位:广东省新城机电总公司(以下简称丙方)

为明确责任,恪守合同,特签订本合同,共同信守。

一、借款种类:企业长期借款

二、借款金额:叁拾万元整

三、借款用途:厂房改扩建

四、借款利息:月息千分之五,按年收息,利随本清。如遇国家调整利率,按调整后的规定利率计算。

五、借款期限:借款时间自二〇一三年十一月一日起至二〇一六年十一月一日止。

六、还款资金来源:营业收入

七、还款方式:转账

八、保证条款:乙方请丙方作为自己借款保证方,经贷款方审查,证实保证方具有担保资格和足够的代偿借款的能力。保证方有权检查和督促借款方履行合同。当借款方不履行合同时,由保证方连带承担偿还借款本息的责任。必要时,贷款方可以从保证方的存款账户内扣收贷款本息。

九、违约责任:(略)

合同的附件:借款申请书,担保合同书

本合同经各方签字后生效,贷款本息全部清偿后自动失效。

本合同正本一式三份,贷款方、借款方、保证方各执一份;合同副本××份,报送×××有关单位各留一份。

贷款方　　　(公章)　　法人代表　　(盖章)
　　　　　　　　　　　　　　　　　　2013 年 11 月 1 日

借款方　　　(公章)　　法人代表　　(盖章)
　　　　　　　　　　　　　　　　　　2013 年 11 月 1 日

保证方　　　(公章)　　法人代表　　(盖章)
　　　　　　　　　　　　　　　　　　2013 年 11 月 1 日

借款方开户银行:中国工商银行广州天河北支行

账　　　　号:11475086　　　　　　　　2013 年 11 月 1 日

13

业务 3

广东增值税专用发票

××××××   No××××××

发 票 联

开票日期：2013 年 11 月 1 日

购货单位	名　　称：广东省南华股份有限公司	密码区	70359<*8263+8*582	加密版本：01
	纳税人识别号：440109845689784		8394<<79483*73864	3400044792
	地址、电话：广州市沙太南路 113 号　020-87204089		8792++879-4792-54	02168932
	开户行及账号：工行天河北支行　11475086		<<6849<>*6743	

货物或应税劳务名称	规格型号	单位	数量	单价	金额	税率	税额
E	H05	个	6 000	8.50	51 000.00	17%	8 670.00
合计					￥51 000.00		￥8 670.00

价税合计（大写）	伍万玖仟陆佰柒拾元整	（小写）￥ 59 670.00

销货单位	名　　称：广州宏远有限责任公司	备注
	纳税人识别号：440102358600545	
	地址、电话：广州市中山路 505 号　020-87204088	
	开户行及账号：工商银行东风支行　65432123	

收款人：×××　　复核：×××　　开票人：孙　汉　　销货单位：(章)

第二联：发票联　购货方记账凭证

收 料 单

发票编号：××

供货单位：广州宏远有限责任公司　　　2013 年 11 月 1 日　　　收料仓库：第一仓库

名称	规格型号	单位	数量		实际成本				计划成本	
			应收	实收	单价	金额	运杂费	合计	单位成本	金额
E 材料	H05	个	6 000	6 000	8.50	51 000.00	0	51 000.00	8.00	48 000.00
备注	无损耗			差异				3 000 元		

② 交会计

主管：×××　　记账：×××　　仓库保管：严　实　　经办人：×××

15

业务4

广东省广州市国家税务局通用机打发票

发票代码××××
发票号码××××

开票日期：2013 年 11 月 2 日　　　　行业分类：商业

客户名称：广东省南华股份有限公司

客户地址：广州市天河区沙太南路 113 号

项目	单位	数量	单价	金额
计算器（S1002）	个	7	56	392.00
水 笔（S3002）	支	100	1	100.00
笔记本（S2102）	本	50	2	100.00
稿 纸（S3002）	本	100	0.88	88.00

合计：陆佰捌拾元整　　　　　　　　　　　　　　　¥680.00

开票人：×××　　　　收款人：×××　　　　开票单位（盖章）：

现金付讫

广州市好日子百货公司
44080034654232
发票专用章

办公用品领用表

领用部门	领用数量				金额	领用部门签章
	计算器	水笔	笔记本	稿纸		
第一车间	2	15	10	20	164.60	×××
第二车间	1	15	10	20	108.60	×××
办公室	1	15	10	20	108.60	×××
销售部	3	55	20	40	298.20	×××
合计	7	100	50	100	¥680.00	—

复核：×××　　　　　　　　　　　　　　　制单：×××

业务5

中国工商银行支票存根
IV V286002

附加信息
_____
_____
_____
_____

出票日期 2013 年 11 月 2 日

收款人：广州宏远有限责任公司

金 额：¥6 786.00

用 途：付 F 材料货款

单位主管　　　会计

中国工商银行　支票　IV V286002

出票日期（大写）贰零壹叁年壹拾壹月零贰日　　付款行名称：××××

收款人：广州宏远有限责任公司　　　出票人账号：××××

人民币（大写）	陆仟柒佰捌拾陆元整	千	百	十	万	千	百	十	元	角	分
				¥	6	7	8	6	0	0

用途：付 F 材料货款

上列款项请从
我账户支付

出票人签章　　　复核　　　记账

本支票付款期限十天

广东省南华股份有限公司
财务专用章

17

广东增值税专用发票

发　票　联

开票日期：2013 年 11 月 2 日

购货单位	名　　称：广东省南华股份有限公司 纳税人识别号：440109845689784 地址、电话：广州市沙太南路 113 号　020-87204089 开户行及账号：工行天河北支行　11475086	密码区	70359<*8263+8*582 8394<<79483*73864 8792++879-4792-54 <<6849<>*6743	加密版本：01 3400044792 02168932

货物或应税 劳务名称	规格 型号	单位	数量	单价	金额	税率	税额
F	H06	把	200	29.00	5 800.00	17%	986.00
合计					¥5 800.00		¥986.00

价税合计（大写）	陆仟柒佰捌拾陆元整	（小写）¥6 786.00

销货单位	名　　称：广州宏远有限责任公司 纳税人识别号：44010235860O545 地址、电话：广州市中山中路 505 号　020-87204088 开户行及账号：工商银行东风支行　65432123	备注	广州宏远有限责任公司 44010235860O545 发票专用章

收款人：×××　　　　复核：×××　　　　开票人：孙　汉　　　　销货单位：（章）

收　料　单

发票编号：××

供货单位：广州宏远有限责任公司　　　　2013 年 11 月 2 日　　　　收料仓库：第一仓库

名称	规格 型号	单位	数量		实际成本				计划成本	
			应收	实收	单价	金额	运杂费	合计	单位成本	金额
F	H06	把	200	200					30	
备注	无损耗						差异			

主管：×××　　　　记账：×××　　　　仓库保管：严　实　　　　经办人：×××

②交会计

业务 6

××××××	广东增值税专用发票	No××××××

此联不作报销、扣税凭证使用

开票日期：2013 年 11 月 2 日

购货单位	名　　称：北京三亚有限责任公司 纳税人识别号：110104123147258 地址、电话：北京王府井大街 32 号　010-68935651 开户行及账号：建行王府井支行　98765423	密码区	70359<*8263+8*582 8394<<79483*93864 8792++879-4792-54 <<6849<>*6741	加密版本：01 3400044792 02168936

货物或应税 劳务名称	规格 型号	单位	数量	单价	金额	税率	税额
甲产品	P01	个	3 000	150.00	450 000.00	17%	76 500.00
合计					¥450 000.00		¥76 500.00

价税合计（大写）		（小写）¥526 500.00

销货单位	名　　称：广东省南华股份有限公司 纳税人识别号：440109845689784 地址、电话：广州市沙太南路 113 号　020-87204089 开户行及账号：工行天河北支行　11475086	备注	广东省南华股份有限公司 440109845689784 发票专用章

收款人：×××　　　　复核：×××　　　　开票人：刘　飞　　　　销货单位：（章）

第三联：记账联　销货方记账凭证

产品出库单

客户名称：北京三亚有限责任公司　　　　2013 年 11 月 2 日　　　　编号：×××

名称	规格	计量单位	出库数量	单位 成本	总成本	备注
合计						

财务：×××　　　仓库主管：×××　　　仓库管理员：孙　力　　　经办人：×××

② 会计记账联

注：成本期末一次结转。

21

托收凭证 （受理回单） **1**

委托日期 2013 年 11 月 2 日

<table>
<tr><td rowspan="3">付款人</td><td>全称</td><td>北京三亚有限责任公司</td><td rowspan="3">收款人</td><td>全称</td><td colspan="10">广东省南华股份有限公司</td></tr>
<tr><td>账号</td><td>98765423</td><td>账号</td><td colspan="10">11475086</td></tr>
<tr><td>地址</td><td>北京王府井大街 32 号</td><td>地址</td><td colspan="10">广州市沙太南路 113 号</td></tr>
<tr><td rowspan="2">托收金额</td><td colspan="3">人民币</td><td rowspan="2"></td><td>千</td><td>百</td><td>十</td><td>万</td><td>千</td><td>百</td><td>十</td><td>元</td><td>角</td><td>分</td></tr>
<tr><td colspan="3">（大写）</td><td>¥</td><td>5</td><td>2</td><td>6</td><td>5</td><td>0</td><td>0</td><td>0</td><td>0</td><td>0</td></tr>
<tr><td colspan="3">款项内容</td><td colspan="2">货款</td><td colspan="2">托收凭据名称</td><td colspan="3">委托收款</td><td colspan="4">附寄单证张数　1 张</td></tr>
<tr><td colspan="3">商品发运情况</td><td colspan="2">已发运</td><td colspan="2">合同名称号码</td><td colspan="7">××××　××××</td></tr>
<tr><td colspan="3" rowspan="2">备注：</td><td colspan="4" rowspan="2">款项收妥日期</td><td colspan="9">业务专用章</td></tr>
<tr><td colspan="9">收款人开户银行签章</td></tr>
<tr><td>复核　记账</td><td colspan="2"></td><td colspan="4">年　月　日</td><td colspan="9">2013 年 11 月 2 日</td></tr>
</table>

此联是收款人开户行给收款人的受理回单

中国工商银行　　　　　　　　　　　收费凭证

INDUSTRIAL AND COMMERCIAL BANK OF CHINA

2013 年 11 月 2 日

<table>
<tr><td colspan="4">付款人名称</td><td colspan="9">广东省南华股份有限公司</td><td colspan="2">付款人账号</td><td colspan="2">11475086</td></tr>
<tr><td rowspan="2">服务项目
（凭证种类）</td><td rowspan="2">数量</td><td rowspan="2">工本费</td><td rowspan="2">手续费</td><td colspan="9">小计</td><td colspan="4" rowspan="2">上述款项请从我账户中支付。</td></tr>
<tr><td>十</td><td>万</td><td>千</td><td>百</td><td>十</td><td>元</td><td>角</td><td>分</td><td></td></tr>
<tr><td>托收手续费</td><td>1</td><td></td><td></td><td></td><td></td><td></td><td>¥</td><td>1</td><td>5</td><td>0</td><td>0</td><td></td><td colspan="4"></td></tr>
<tr><td>收费凭条</td><td>1</td><td></td><td></td><td></td><td></td><td></td><td></td><td>¥</td><td>5</td><td>6</td><td>0</td><td></td><td colspan="4"></td></tr>
<tr><td></td><td></td><td></td><td></td><td></td><td></td><td></td><td></td><td></td><td></td><td></td><td></td><td></td><td colspan="4">中国工商银行广州天河北支行</td></tr>
<tr><td></td><td></td><td></td><td></td><td></td><td></td><td></td><td></td><td></td><td></td><td></td><td></td><td></td><td colspan="4">2013.11.2</td></tr>
<tr><td>合计</td><td colspan="3"></td><td></td><td></td><td></td><td>¥</td><td>2</td><td>0</td><td>6</td><td>0</td><td></td><td colspan="4">转讫（印章）</td></tr>
<tr><td>币种
（人民币）</td><td colspan="3"></td><td colspan="9"></td><td colspan="4"></td></tr>
</table>

记账联附件

以下在购买凭证时填写

<table>
<tr><td rowspan="2">领购人姓名</td><td rowspan="2">刘飞</td><td>领购人证件类型</td><td>身份证</td></tr>
<tr><td>领购人证件号码</td><td>××××××××××××××××××</td></tr>
</table>

事后监督：×××　　　　　　　　　　　　　　　记账：×××

23

业务7

罚款通知单

财务部：

　　第一车间员工张签违章操作，经办公室讨论决定，对其罚款350元。

办公室

2013年11月2日

收　据

2013 年 11 月 2 日

265849745
现金收讫

交款单位：第一车间	交款人：张签

人民币（大写）：　　　　　　　　　　　　　　¥ 350.00

事由：违章操作罚款

单位盖章	会计：×××	出纳：刘飞	收款人：刘飞

② 交财务记账

业务8

领　料　单

领料部门：供热车间　　　　　　　2013 年 11 月 3 日　　　　　　　编号：××

材料编号	材料名称	规格	单位	请领数量	实发数量	计划价格	
						单价	金额
1513	C 材料	H03	千克	2 000	2 000	15.00	30 000.00

用途	辅助车间用	领料部门		发料部门	
		负责人	领料人	核准人	发料人
		×××	×××	×××	严实

② 交会计

业务9

领　料　单

领料部门：第一车间　　　　　　　2013 年 11 月 3 日　　　　　　　编号：××

材料编号	材料名称	规格	单位	请领数量	实发数量	计划价格	
						单价	金额
1511	A 材料	H01	千克	60 000	60 000	11.00	660 000.00

用途	生产甲产品	领料部门		发料部门	
		负责人	领料人	核准人	发料人
		×××	×××	×××	严实

② 交会计

业务 10

中 华 人 民 共 和 国
税 收 通 用 缴 款 书

地

隶属关系：

注册类型：股份有限公司　　填发日期：2013 年 11 月 3 日　　征收机关：广州市天河区地方税务局

（20××-1）粤地 ×××× 号

缴款单位（人）	代　码	××××××	预算科目	编　码	××××××××
	全　称	广东省南华股份有限公司		名　称	税务部门罚没收入
	开户银行	工行天河北支行		级　次	××××××××
	账　号	11475086	收缴国库		××××××××××

税款所属时期：2013 年 11 月 1 日至 2013 年 11 月 30 日　　税款限缴日期：2013 年 11 月 ×× 日

品目名称	课税数量	计税金额或销售收入	税率或单位税额	已缴或扣除额	实缴金额
其他罚没收入逾期申报罚款					¥240.00
金额合计　（大写）					¥240.00

缴款单位（人）（盖章）	税务机关（盖章）	上列款项已收妥并划转收款单位账户	中国工商银行广州天河北支行 备注2013.11.3 业务清讫
经办人（章）	填票人（章）	国库（银行）盖章　　　年 月 日	

逾期不缴按税法规定加收滞纳金

无银行收讫章无效

中国工商银行支票存根 IV V286003	中国工商银行　支票　IV V286003
附加信息 _____ _____ _____	出票日期（大写）　　年 月 日　　付款行名称： 收款人：　　　　　　　　　　　　出票人账号：××××

出票日期 2013 年 11 月 3 日

收款人：	
金　额：	
用　途：付税收罚款	
单位主管　　会计	

本支票付款期限十天

人民币（大写）　　　　　　　千 百 十 万 千 百 十 元 角 分

用途：付税收罚款
上列款项请从
我账户支付
出票人签章　　军张印田　　复核　　记账

银行汇票请领单

请领日期 2013 年 11 月 3 日

收款人	上海飞环有限责任公司	开户银行	工行南京路支行	账号	78965413
汇款用途	购买 B 材料				
汇款金额	人民币（大写）		￥ 1 480 000.00		

部门负责人意见：	单位领导审批意见：	请领人签章：
同意	同意	
×××	×××	×××

中国工商银行　银行汇票申请书（存根）　**1**

委托日期 2013 年 11 月 3 日　　　　第×××号

申请人	全称	广东省南华股份有限公司	收款人	全称	上海飞环有限责任公司
	账号	11475086		账号	78965413
	开户银行	工行天河北支行		开户银行	工行南京路支行
	用途	购买 B 材料	代理付款行		工行南京路支行

汇票金额	人民币（大写）	千 百 十 万 千 百 十 元 角 分
		￥ 1 4 8 0 0 0 0 0 0

备注：

科　　目 _____

对方科目 _____

财务主管　　　复核　　　经办

（中国工商银行广州天河北支行 汇票专用章）

中国工商银行　银行汇票　**2**　　XI 04889048

付款期限
壹个月

出票日期（大写）	贰零壹叁年壹拾壹月零叁日	代理付款行：工行南京路支行
		行号：×××××

收款人：上海飞环有限责任公司		账号：78965413

出票金额	人民币（大写）	壹佰肆拾捌万元整

实际结算金额	千 百 十 万 千 百 十 元 角 分

汇款人：广东省南华股份有限公司　　账号或地址：11475086

出票行：工行天河北支行　　　　行号：×××

汇款用途：购买 B 材料

备　注： _____

密押

多余金额
十 万 千 百 十 元 角 分

出票行签章　　　年　月　日　　　　　　复核　　记账

（中国工商银行广州天河北支行 汇票专用章）

中国工商银行 解讫
银行汇票（通知）**3**

XI04889048

付款期限 壹个月		

出票日期 **贰零壹叁年壹拾壹月零叁日**
（大写）

代理付款行：工行南京路支行
行号：×××××

收款人：上海飞环有限责任公司　　　账号：78965413

出票金额　人民币　**壹佰肆拾捌万元整**
（大写）

实际结算金额	人民币 （大写）		千	百	十	万	千	百	十	元	角	分

汇款人：**广东省南华股份有限公司**
出票行：**工行天河北支行**
汇款用途：**购买 B 材料**
备　注：

账号或地址：11475086
行号：×××

密押

多余金额

十	万	千	百	十	元	角	分

兑付行签章　　复核　经办　　　　　复核　记账

业务 12

××××××　　　**上海增值税专用发票**　　　No××××××

发票联

开票日期：**2013年 11月 4日**

购货单位	名　　称：广东省南华股份有限公司 纳税人识别号：440109845689784 地址、电话：广州市沙太南路 113 号　020-87204089 开户行及账号：工行天河北支行 11475086	密码区	70359<*8263+8*582 8394<<79483*83864 8792++879-4792-54 <<6849<>*6746	加密版本：01 3400044792 02168942

货物或应税 劳务名称	规格 型号	单位	数量	单价	金额	税率	税额
C 材料	H03	千克	4 000	14.80	59 200.00	17%	10 064.00
合计							

价税合计（大写）　　　　　　　　　　　　（小写）￥69 264.00

销货单位	名　　称：上海飞环有限责任公司 纳税人识别号：310109325539784 地址、电话：上海市南京路 188 号　021-68795445 开户行及账号：工行南京路支行　78965413	备注	上海飞环有限责任公司 310109325539784 发票专用章

收款人：×××　　复核：×××　　开票人：林 文　　销货单位：（章）

中国工商银行　电汇凭证（回单）

1

委托日期　2013年11月4日　　　　　　第××号

<table>
<tr><td rowspan="4">汇款人</td><td>全称</td><td>广东省南华股份有限公司</td><td rowspan="4">收款人</td><td>全称</td><td>上海飞环有限责任公司</td></tr>
<tr><td>账号</td><td>11475086</td><td>账号</td><td>78965413</td></tr>
<tr><td>汇出地点</td><td>广东省广州市／县</td><td>汇入地点</td><td>省上海市／县</td></tr>
<tr><td>汇出行名称</td><td>工行天河北支行</td><td>汇入行名称</td><td>工行南京路支行</td></tr>
</table>

金额	人民币（大写）	亿	千	百	十	万	千	百	十	元	角	分
					¥	6	9	2	6	4	0	0

汇款用途：购C材料货款

上列款项请在本人的账户内支付，附加信息及用途：
并按照汇兑结算规定汇给收款人。

转讫

汇出行签章　　　复核　　　　记账

此联是汇出银行给汇款单位的回单

收　料　单

发票编号：××

供货单位：上海飞环有限责任公司　　2013年11月4日　　收料仓库：第一仓库

名称	规格型号	单位	数量		实际成本				计划成本	
			应收	实收	单价	金额	运杂费	合计	单位成本	金额
C材料	H03	千克	4 000	4 000						
备注		无损耗					差异			

主管：×××　　记账：×××　　仓库保管：严实　　经办人：×××

②交会计

业务13

产品出库单

客户名称：深圳飞跃有限责任公司　　2013年11月5日　　编号：×××

名称	规格	计量单位	出库数量	单位成本	总成本	备注
乙产品	P02	个	10 000			
		合计				

财务：×××　　仓库主管：×××　　仓库管理员：孙力　　经办人：×××

②会计记账联

注：款项未收，成本期末一次结转。

广东增值税专用发票

××××××   **广东增值税专用发票**   No××××××

此联不作报销、扣税凭证使用

开票日期：*2013* 年 *11* 月 *5* 日

购货单位	名 称：深圳飞跃有限责任公司 纳税人识别号：440305416486465 地址、电话：深圳深南大道 303 号　0755-87204403 开户行及账号：工商银行黄冈支行　77894333	密码区	70359<*8263+8*584 8394<<79483*73884 8792++879-4792-54 <<6849<>*6723	加密版本：01 3400044792 02168032

货物或应税 劳务名称	规格 型号	单位	数量	单价	金额	税率	税额
乙产品	P02	个	10 000	100.00	1 000 000.00	17%	170 000.00
合计							

价税合计（大写）				（小写）¥1 170 000.00

销货单位	名 称：广东省南华股份有限公司 纳税人识别号：440109845689784 地址、电话：广州市沙太南路 113 号　020-87204089 开户行及账号：工行天河北支行　11475086	备注	广东省南华股份有限公司 440109845689784 发票专用章

收款人：×××   复核：×××   开票人：刘 飞   销货单位：（章）

业务 14

借 款 单 （记账）

现金付讫

2013 年 *11* 月 *5* 日

借款部门	销售部	姓名	金勇	级别	部门经理	出差地点	上海
						天数	4 天
事由	参加洽谈会	借款金额（大写）					¥1 200.00
单位负责人签章	杨 天	借款人签章	金 勇	注意事项	一、借用现金 2 000 元以上需提前 3 天通知财务科 二、凡借用公款必须使用本单 三、第三联为正式借据，由借款人和单位负责人签章 四、出差返回后 7 日内结算		
授权人批示	同意	审核意见		同意			

35

托收凭证 （汇款依据或收账通知） 4

委托日期 2013 年 11 月 2 日　　付款期限 2013 年 11 月 5 日

业务类型		委托收款（□邮划、☑电划）　托收承付（□邮划、□电划）				
付款人	全称	北京三亚有限责任公司	收款人	全称	广东省南华股份有限公司	
	账号	98765423		账号	11475086	
	地址	北京王府井大街 32 号		地址	广州市沙太南路 113 号	

托收金额	人民币（大写）	伍拾贰万陆仟伍佰元整		千 百 十 万 千 百 十 元 角 分
				￥ 5 2 6 5 0 0 0 0

款项内容	甲产品货款	托收凭据名称	委托收款	附寄单据张数	1 张
商品发运情况	已发运	合同名称号码	××××××		

备注：　　　　　　　　上列款项已划回收入你方账户内。

　　　　　　　　　　　收款人开户银行签章

复核　　记账　　　　　2013 年 11 月 5 日

中国××银行广州
天河北支行
2013.11.5
转讫

广东省地方税务局通用机打发票

发票联

开票日期：2013 年 11 月 6 日

发票代码×××××
发票号码×××××

邮政编码：510000　　　　　　　　　用户证号：××××
客户名称：广东省南华股份有限公司　　流水号：××××
客户地址：广州市天河区沙太南路 113 号
费用信息：
CABLE MODEM 信息费 宽带包年

合　计：叁仟陆佰元整　　　　　　　　￥3 600.00
收款人：×××　　　　　　　　　　　￥3 600.00

广东省广播电视网络股份有限公司
440106726482280
发票专用章

第一联 发票联（手开无效）

注：为简化，直接计入当月费用。

中国工商银行支票存根 IV V286004	中国工商银行　支票　IV V286004

附加信息
_____
_____
_____

出票日期 2013 年 11 月 6 日

收款人：	
金　额：	
用　途：宽带费	

单位主管　　会计

出票日期（大写）　　年　月　日　　付款行名称：
收款人：　　　　　　　　　　　　　出票人账号：××××

人民币（大写）	千 百 十 万 千 百 十 元 角 分
	￥ 3 6 0 0 0 0

用途　宽带费
上列款项请从
我账户支付
出票人签章　　　复核　　记账

本支票付款期限十天

广东省南华股份有限公司
财务专用章
军张印田

业务 17

广东省地方税税收通用发票 （电子）

现金付讫

发票联

发票代码××××

开票日期：2013 年 11 月 7 日　　　　　行业分类：饮食业　　　　　发票号码××××

付款方名称：广东省南华股份有限公司
付款方识别号：440609845689784
收款方名称：广州市回味无穷大酒家
收款方识别号：440102586482159
主管税务机关：广州市天河区地方税务局　　　防伪号：×××××××××××

序号	开票项目说明	金额
1	餐费	700.00

合　计（大写）：柒佰元整　　　　　　　合　计（小写）：¥700.00

广州市回味无穷大酒家
440102586482159
发票专用章

附注：
开票单位盖章：　　　　　　　　　　　　开票人：×××

注：用餐部门——总经理办公室；
　　事由——招待客户。

业务 18

广东省广州市国家税务局通用机打发票

发票联

发票代码××××

开票日期：2013 年 11 月 8 日　　　　　行业分类：水电业　　　　　发票号码×××××

客户编号：××××××　　　　　　　　　　　　　用水性质：企业
客户名称：广东省南华股份有限公司
客户地址：广州市天河区沙太南路 113 号

收费类别	自来水量（吨）	污水处理量	计费单价	收费金额
污水处理费	×××	1 600	1.00	1 600.00

收费金额合计（大写）：壹仟陆佰元整

广州市污水治理有限责任公司
440106755584729
发票专用章
¥1 600.00

开票人：×××　　　　收款人：×××　　　　　　开票单位（盖章）：

<table>
<tr><td colspan="2">中国工商银行支票存根
IV V286005</td><td colspan="2">中国工商银行　支票　IV V286005</td></tr>
<tr><td colspan="2">附加信息</td><td>出票日期（大写）　　年　月　日
收款人：</td><td>付款行名称：××××
出票人账号：××××</td></tr>
</table>

中国工商银行支票存根
IV V286005

附加信息
_____
_____

出票日期 2013 年 11 月 8 日
收款人：
金　额：
用　途：支付排污费

单位主管　　会计

中国工商银行　支票　IV V286005

出票日期（大写）　　年　月　日
收款人：
付款行名称：××××
出票人账号：××××

人民币（大写）　　　　　千百十万千百十元角分

用途　支付排污费
上列款项请从
我账户支付
出票人签章　　　　　复核　　　　记账

本支票付款期限十天

军张印田

（财务专用章）

业务 19

××××××　　　　　上海增值税专用发票　　　　　No××××××

发票联

开票日期：2013 年 11 月 8 日

| 购货单位 | 名　称：广东省南华股份有限公司
纳税人识别号：440109845689784
地址、电话：广州市沙太南路 113 号　020-87204089
开户行及账号：工行天河北支行　11475086 | 密码区 | 70359<*8263+8*542
8394<<79483*73164
8792++879-4792-54
<<6849<>*6243 | 加密版本：01
3400044792
02168962 |

货物或应税劳务名称	规格型号	单位	数量	单价	金额	税率	税额
D	H04	千克	2 000	5.00	10 000.00	17%	1 700.00
合计					¥10 000.00		¥1 700.00

价税合计（大写）　　　　　　　　　　　　　　　　（小写）¥11 700.00

| 销货单位 | 名　称：上海飞环有限责任公司
纳税人识别号：310109325539784
地址、电话：上海市南京路 188 号　021-68795445
开户行及账号：工行南京路支行 78965413 | 备注 | 上海飞环有限责任公司
310109325539784
发票专用章 |

收款人：×××　　　　复核：×××　　　　开票人：林文　　　　销货单位：（章）

第二联：发票联　购货方记账凭证

注：货未收到。

中国工商银行　电汇凭证 (回单)　1

委托日期 2013 年 11 月 8 日

<table>
<tr><td rowspan="4">汇款人</td><td>全称</td><td>广东省南华股份有限公司</td><td rowspan="4">收款人</td><td>全称</td><td colspan="11">上海飞环有限责任公司</td></tr>
<tr><td>账号</td><td>11475086</td><td>账号</td><td colspan="11">78965413</td></tr>
<tr><td>汇出地点</td><td>广东省广州市／县</td><td>汇入地点</td><td colspan="11">省 上海市／县</td></tr>
<tr><td>汇出行名称</td><td>工行广州天河北支行</td><td>汇入行名称</td><td colspan="11">工行南京路支行</td></tr>
<tr><td rowspan="2">金额</td><td>人民币</td><td rowspan="2"></td><td></td><td>亿</td><td>千</td><td>百</td><td>十</td><td>万</td><td>千</td><td>百</td><td>十</td><td>元</td><td>角</td><td>分</td></tr>
<tr><td>(大写)</td><td></td><td></td><td></td><td></td><td>¥</td><td>1</td><td>1</td><td>7</td><td>0</td><td>0</td><td>0</td><td>0</td></tr>
</table>

汇款用途：购 D 材料货款

支付密码　(略)

上列款项请在本人的账户内支付，并按照汇兑结算规定汇给收款人

中国工商银行广州天河北支行 2013.11.8 转讫

汇款人签章　　复核　　记账

此联是汇出银行给汇款单位的回单

中国工商银行
INDUSTRIAL AND COMMERCIAL BANK OF CHINA

收费凭证

2013 年 11 月 8 日

<table>
<tr><td>付款人名称</td><td colspan="4">广东省南华股份有限公司</td><td colspan="8">付款人账号</td><td colspan="2">11475086</td></tr>
<tr><td rowspan="2">服务项目
(凭证种类)</td><td rowspan="2">数量</td><td rowspan="2">工本费</td><td rowspan="2">手续费</td><td colspan="10">小计</td><td rowspan="2" colspan="2">上述款项请从我账户中支付。</td></tr>
<tr><td colspan="2"></td><td>十</td><td>万</td><td>千</td><td>百</td><td>十</td><td>元</td><td>角</td><td>分</td></tr>
<tr><td>电汇手续费</td><td>1</td><td></td><td></td><td></td><td></td><td></td><td></td><td>¥</td><td>7</td><td>5</td><td>0</td><td colspan="2" rowspan="3">中国工商银行广州天河北支行 2013.11.8 转讫</td></tr>
<tr><td>收费凭条</td><td>1</td><td></td><td></td><td></td><td></td><td></td><td></td><td>¥</td><td>5</td><td>6</td><td>0</td></tr>
<tr><td></td><td></td><td></td><td></td><td></td><td></td><td></td><td></td><td></td><td></td><td></td><td></td></tr>
<tr><td>合计</td><td></td><td></td><td></td><td></td><td></td><td></td><td>¥</td><td>1</td><td>3</td><td>1</td><td>0</td><td colspan="2"></td></tr>
<tr><td>币种
(人民币)</td><td colspan="11"></td><td colspan="2">(印章)</td></tr>
<tr><td colspan="14">以下在购买凭证时填写</td></tr>
<tr><td>领购人姓名</td><td colspan="3">刘飞</td><td colspan="6">领购人证件类型</td><td colspan="4">身份证</td></tr>
<tr><td></td><td colspan="3"></td><td colspan="6">领购人证件号码</td><td colspan="4">×××××××××××××××××</td></tr>
</table>

记账联附件

事后监督：××× 　　记账：×××

43

业务 20

广东增值税专用发票

××××××   No××××××

发票联总联

开票日期：2013 年 11 月 9 日

购货单位	名　称：	广东省南华股份有限公司				密码区	70359<*8263+8*582 8394<<79483*73264 8792++879-4792-54 <<6849<>*8743	加密版本：01 3400048792 02168934
	纳税人识别号：	440109845689784						
	地址、电话：	广州市沙太南路 113 号 020-87204089						
	开户行及账号：	工行天河北支行 11475086						

货物或应税劳务名称	规格型号	单位	数量	单价	金额	税率	税额
工作服	GZ01	件	100	150.00	15 000	17%	2 550.00
合　计							

价税合计（大写）		（小写）￥17 550.00

销货单位	名　称：	广东东风制造厂	备注	
	纳税人识别号：	440102747896323		广东东风制造厂 440102747896323 发票专用章
	地址、电话：	广州市广州大道中 522 号 020-87204077		
	开户行及账号：	中行体育西支行 898565632		

收款人：×××　　　复核：×××　　　开票人：黄 强　　　销货单位：（章）

周转材料入库单

供货单位：广东东风制造厂   凭证编号：

发票编号：   2013 年 11 月 9 日   收料仓库：01

货物名称	类别	规格	单位	数量	单价	金额
工作服	低值易耗品	GZ01	件	100	150.00	15 000.00
合　计				100	150.00	15 000.00

主管：×××　　　记账：×××　　　仓库保管：严 实　　　经办人：×××

45

中国工商银行支票存根	中国工商银行　支票　IV V286006

中国工商银行支票存根

IV V286006

附加信息 _____

_____

_____

出票日期 2013 年 11 月 9 日

收款人：广东东风制造厂

金　额：¥17 550.00

用　途：付工作服货款

单位主管　　会计

中国工商银行　支票　IV V286006

出票日期（大写）　年　月　日　　付款行名称：××××

收款人：广东东风制造厂　　出票人账号：××××

人民币（大写）	千	百	十	万	千	百	十	元	角	分
			¥	1	7	5	5	0	0	0

用途　付工作服货款

上列款项请从

我账户支付

出票人签章　　　　复核　　　　记账

本支票付款期限十天

业务 21

固定资产报废单

2013 年 11 月 9 日

固定资产名称	规格型号	单位	数量	预计使用年限	已使用年限	原始价值	已提折旧（含本月数）	备注
货车	H1006	辆	1	10	3	200 000.00	60 433.33	
固定资产状况及报废原因	陈旧，不能满足运输要求							
处理意见	使用部门	技术鉴定小组	固定资产管理部门	总经理审批				
	无法使用	情况属实 ×××	同意转入清理 刘海	同意 杨天				

主管：×××　　　　复核：×××　　　　制单：×××

广东省地方税务局通用机打发票

发票联

发票代码××××××

开票日期：2013 年 11 月 9 日

发票号码×××××××

客户名称：广东省南华股份有限公司

客户地址：广州市天河区沙太南路 113 号

费用信息：

货车清理费　　　　　　　　　　　　　　¥1 000.00

合　计：壹仟元整　　　　　　　　　　　¥1 000.00

收款人：×××

4401 0072 6482 290

第一联　发票联（手开无效）

47

中国工商银行 进账单(收账通知) 3

2013 年 11 月 9 日

付款人	全 称	广州红星有限责任公司		收款人	全 称	广东省南华股份有限公司								
	账 号	45698121			账 号	11475086								
	开户银行	建行越秀支行			开户银行	工行天河北支行								
金额	人民币 (大写)				千	百	十	万	千	百	十	元	角	分
								¥	6	0	0	0	0	0
票据种类	支票	票据张数	壹张	备注:										
票据号码	××××××××××													

中国工商银行广州
天河北支行
2013.11.9
转讫
收款人开户银行签章

复核　　记账

注：货车残料变价收入。

固定资产清理结转表

2013 年 11 月 10 日

固定资产名称	货车	规格型号	H1006	使用单位	销售部门
原始价值	2 00 000.00	累计折旧	60 433.33	减值准备	0
账面价值	139 566.67	清理费用	1 000.00	残料入库	0
变价收入	6 000.00	清理收益	—	清理损失	134 566.67

会计主管：×××　　　　　复核：×××　　　　　制单：×××

业务 22

中国工商银行 进账单(收账通知) 3

2013 年 11 月 10 日

付款人	全 称	深圳飞跃有限责任公司		收款人	全 称	广东省南华股份有限公司								
	账 号	77894333			账 号	11475086								
	开户银行	工商银行黄冈支行			开户银行	工行天河北支行								
金额	人民币 (大写)				千	百	十	万	千	百	十	元	角	分
					¥	1	1	7	0	0	0	0	0	0
票据种类	银行汇票	票据张数	壹张	备注:										
票据号码	××××××××													

中国工商银行广州
天河北支行
2013.11.10
转讫
收款人开户银行签章

复核　　记账

注：收到前欠乙产品货款。

中国工商银行　　　广东省××营业部　　　广州市电子缴税回单

INDUSTRIAL AND COMMERCIAL BANK OF CHINA GUANGZHOU　　　No×××××××××

日期：2013 年 11 月 9 日　　　　　　　　　　　清算日期：2013 年 11 月 10 日

付款人	全称	广东省南华股份有限公司	收款人	全称	广州地方税务局天河区征收分局
	账号	11475086		账号	×××××××
	开户银行	工行广州天河北支行		开户银行	中国国家金库广州市天河区支库

金额	人民币 （大写）				千	百	十	万	千	百	十	元	角	分

内容	扣缴地税	电子税号	×××××	纳税人编码	×××××	纳税人名称	广东省南华股份有限公司

税种	所属期	纳税金额	备注	税种	所属期	纳税金额	备注
增值税	131001—131031	485 307.48					
消费税	131001—131031	271 880.94					
附言							

工行网站：www.icbc.com.cn　　　　　　　　　　　　打印日期：2013 年 11 月 10 日

服务热线：95588

中国工商银行　　　广东省××营业部　　　广州市电子缴税回单

INDUSTRIAL AND COMMERCIAL BANK OF CHINA GUANGZHOU　　　No×××××××××

日期：2013 年 11 月 9 日　　　　　　　　　　　清算日期：2013 年 11 月 10 日

付款人	全称	广东省南华股份有限公司	收款人	全称	广州地方税务局天河区征收分局
	账号	11475086		账号	×××××××
	开户银行	工行广州天河北支行		开户银行	中国国家金库广州市天河区支库

金额	人民币 （大写）				千	百	十	万	千	百	十	元	角	分

内容	扣缴地税	电子税号	×××××	纳税人编码	×××××	纳税人名称	广东省南华股份有限公司

税种	所属期	纳税金额	备注	税种	所属期	纳税金额	备注
个人所得税	131001—131031	80 362.00					
城建税	131001—131031	53 003.19					
教育费附加	131001—131031	22 715.65					
地方教育费附加	131001—131031	15 143.77					
附言							

工行网站：www.icbc.com.cn　　　　　　　　　　　　打印日期：2013 年 11 月 10 日

服务热线：95588

业务 24

领 料 单

领料部门：第二车间　　　　　　　2013 年 11 月 11 日　　　　　　　编号：××

材料编号	材料名称	规格	单位	请领数量	实发数量	计划价格	
						单价	金额
1512	B 材料	H02	千克	52 000	52 000	20.00	1 040 000.00
用途	生产乙产品	领料部门			发料部门		
		负责人	领料人		核准人	发料人	
		×××	×××		×××	严　实	

②交会计

业务 25

领 料 单

领料部门：第二车间　　　　　　　2013 年 11 月 11 日　　　　　　　编号：××

材料编号	材料名称	规格	单位	请领数量	实发数量	计划价格	
						单价	金额
1513	C 材料	H03	千克	1 000	1 000	15.00	15 000.00
用途	生产乙产品	领料部门			发料部门		
		负责人	领料人		核准人	发料人	
		×××	×××		×××	严　实	

②交会计

业务 26

领 料 单

领料部门：第一车间　　　　　　　2013 年 11 月 11 日　　　　　　　编号：××

材料编号	材料名称	规格	单位	请领数量	实发数量	计划价格	
						单价	金额
1516	F 材料	H06	把	50	50	30.00	1 500.00
用途	生产甲产品	领料部门			发料部门		
		负责人	领料人		核准人	发料人	
		×××	×××		×××	严　实	

②交会计

业务 27

领 料 单

领料部门：第一车间		2013 年 11 月 11 日				编号：××		
材料编号	材料名称	规格	单位	请领数量	实发数量	计划价格		
						单价	金额	
1517	G 材料	H07	吨	100	100	480.00	48 000.00	
用途	生产甲产品	领料部门				发料部门		
		负责人		领料人		核准人		发料人
		×××		×××		×××		严实

②交会计

业务 28

银行承兑汇票(存 根) **3**

出票日期（大写） 贰零壹叁年壹拾壹月壹拾贰日　　　　　　　　　　汇票号码：456128

出票人全称	广东省南华股份有限公司	收款人	收 款 人	深圳南方有限责任公司	
出票人账号	11475086		账号或地址	88956613	
付款行全称	工行广州天河北支行		开户银行	工商银行黄冈支行	

出票 人民币金额（大写）	贰拾贰万肆仟陆佰肆拾元整	千 百 十 万 千 百 十 元 角 分
		¥ 2 2 4 6 4 0 0 0

汇票到期日（大写）	贰零壹肆年零壹月壹拾贰日	付款行	行号	×××××××
承兑协议编号	××××××××××		地址	深圳市深南大道×××号

备注：购 G 材料，无息商业汇票

此联由出票人查存

55

广东增值税专用发票

XXXXXX　　　　广东增值税专用发票　　　　No×××××

开票日期：2013 年 11 月 12 日

购货单位			
名　称：广东省南华股份有限公司			
纳税人识别号：440109845689784			
地址、电话：广州市沙太南路 113 号　020-87204089			
开户行及账号：工行天河北支行　11475086			

密码区：
70359<*8263+8*642
8394<<79483*73864
8792++879-4792-34
<<6849<>*6243

加密版本：01
3400014792
02168932

第二联：发票联　购货方记账凭证

货物或应税劳务名称	规格型号	单位	数量	单价	金额	税率	税额
G	H07	吨	400	480.00	192 000.00	17%	32 640.00
合　计					¥192 000.00		¥32 640.00

价税合计（大写）　　　　　　　　　　　　　　（小写）￥ 224 640.00

销货单位	
名　称：深圳南方有限责任公司	备注
纳税人识别号：440305411234567	
地址、电话：深圳市深南大道 286 号　0755-87204009	
开户行及账号：工商银行黄冈支行　88956613	

收款人：×××　　复核：×××　　开票人：赵　汉　　销货单位：（章）

收 料 单

发票编号：××

供货单位：深圳南方有限责任公司　　　2013 年 11 月 12 日　　　收料仓库：第一仓库

名称	规格型号	单位	数量		实际成本				计划成本	
			应收	实收	单价	金额	运杂费	合计	单位成本	金额
G	H07	吨	400	400						
备注	无损耗						差异			

主管：×××　　记账：×××　　仓库保管：严　实　　经办人：×××

②交会计

业务 29

收 料 单

发票编号：××

供货单位：上海飞环有限责任公司　　　2013 年 11 月 12 日　　　收料仓库：第一仓库

名称	规格型号	单位	数量		实际成本				计划成本	
			应收	实收	单价	金额	运杂费	合计	单位成本	金额
D	H04	千克	2 000	2 000						
备注	无损耗						差异			

主管：×××　　记账：×××　　仓库保管：严　实　　经办人：×××

②交会计

业务 30

差旅费报销单

单位名称：销售部　　　　　填报日期：2013 年 11 月 12 日

姓名	金勇	职级	部门经理	出差事由	参加洽谈会	出差时间	计划 4 天	备注
							实际 4 天	

日期		起止地点		飞机、车、船票		其 他 费 用			
月	日	起	止	类别	金额	项目	标准	天数	核报金额
11	6	广州	东莞	汽车	50.00	住宿费 包干报销	225.00	4	900.00
11	10	东莞	广州	汽车	50.00	住宿费 限额报销			
						伙食补助费	30.00	4	120.00
						车、船补助费			
						其他杂支			
		小　计			100.00	小　计			1 020.00

金额（大写）	万 仟 佰 拾 元 角 分	预支 1 200.00　核销 1120.00　退补 80.00

主管：×××　　　部门：销售部　　　审核：×××　　　填报人：金 勇

广东省道路运输微机专用发票

发票联

地税监

监督投诉电话:96900　　　　　　244010811005

广州——东莞

乘车地点（地址见背面）　天河客运站

乘车时间：2013 年 11 月 6 日 10 点 40 分

班次×××　　　座号×××　　　票价 50 元

车型 空调大巴　　　检票口×××　　　卡位×××

出票点×××　　　打印时间 2013 年 11 月 6 日 10 点 10 分

凭票乘车 副联自行撕下乘车无效

广州市道路旅客运输发票专用章

广东省道路运输微机专用发票

发票联

地税监

监督投诉电话:96900　　　　　　244010824855

东莞——广州

乘车地点（地址见背面）　××客运站

乘车时间：2013 年 11 月 10 日 14 点 40 分

班次×××　　　座号×××　　　票价 50 元

车型 空调大巴　　　检票口×××　　　卡位×××

出票点×××　　　打印时间 2013 年 11 月 10 日 14 点 10 分

凭票乘车 副联自行撕下乘车无效

广州市道路旅客运输发票专用章

广东省地方税收通用发票(电子)

发 票 联

电子发票 手写无效

发票代码××××

发票号码××××

开票日期：2013 年 11 月 10 日　　　　行业分类：旅店业

付款方名称：	广东省南华股份有限公司
付款方识别号：	440609845689784
收款方名称：	东莞市鼎好酒店
收款方识别号：	411282586489784
主管税务机关：	东莞市×××地方税务局　　防伪号：××××××××××

序号	开票项目说明	金额
1	住宿费	900.00

合　计（大写）：玖佰元整　　　　　　合　计（小写）：¥900.00

附注：

开票单位盖章：　　　　　　　　　　开票人：×××

第一联 发票联 （手开无效）

广东省地方税收通用发票(电子)

发 票 联

电子发票 手写无效

发票代码××××

发票号码××××

开票日期：2013 年 11 月 10 日　　　　行业分类：饮食业

付款方名称：	广东省南华股份有限公司
付款方识别号：	440609845689784
收款方名称：	东莞市香满楼酒家
收款方识别号：	411282586482167
主管税务机关：	东莞市×××地方税务局　　防伪号：××××××××××

序号	开票项目说明	金额
1	餐费	120.00

合　计（大写）：壹佰贰拾元整　　　　　合　计（小写）：¥120.00

附注：

开票单位盖章：　　　　　　　　　　开票人：×××

第一联 发票联 （手开无效）

收 据

2013年11月12日

今收到:金勇

人民币(大写): ¥

事由:归还11月6日出差多余借款

| 单位盖章 | 会计 | 出纳 | | 交款人: 金 勇 |

广东省南华股份有限公司
财务专用章

业务31

收 料 单

发票编号:××

供货单位:广州宏远有限责任公司　　2013年11月13日　　收料仓库:第一仓库

名称	规格型号	单位	数量		实际成本				计划成本	
			应收	实收	单价	金额	运杂费	合计	单位成本	金额
A	H01	千克		50 000						
备注		无损耗					差异			

| 主管: ××× | 记账: ××× | 仓库保管: 严 实 | 经办人: ××× |

广东增值税专用发票

××××××   No××××××

开票日期：2013 年 11 月 13 日

购货单位	名　　　称：广东省南华股份有限公司 纳税人识别号：440109845689784 地址、电话：广州市沙太南路 113 号　020-87204089 开户行及账号：工行天河北支行　11475086	密码区	70359<*8263+8*58 28394<<79486*738 648792++879-4792- 54<<6849<>*9743	加密版本：01 3400044722 02168932

货物或应税 劳务名称	规格 型号	单位	数量	单价	金额	税率	税额
A	H01	千克	50 000	12.00	600 000.00	17%	102 000.00
合　计							

价税合计（大写）		（小写）￥702 000.00

销货单位	名　　　称：广州宏远有限责任公司 纳税人识别号：440102358600545 地址、电话：广州市中山中路 505 号　020-87204088 开户行及账号：工商银行东风支行　65432123	备注	

收款人：×××　　　　复核：×××　　　　开票人：孙　汉　　　　销货单位：(章)

第二联：发票联　购货方记账凭证

货物运输业增值税专用发票

×××××××
×××××××
×××××××

No×××××××

开票日期：2013 年 11 月 13 日

承运人及 纳税人识别号	广州市天天运输公司 ××××××××××××	密码区	×××××××××× ×××××××××× ×××××××××× ××××××××××
实际受票方及 纳税人识别号	广东省南华股份有限公司 +440109845689784		

收货人及 纳税人识别号	广东省南华股份有限公司 +440109845689784	发货人及 纳税人识别号	广州宏远有限责任公司 440102358600545

发起地、经由、到达地	××××××××××××

费用明细及金额	费用项目　金额　费用项目　金额 A 材料运费　5115	运输货物信息	

合计金额	5115	税率	11%	税额	632.19	机器编号	

价税合计（大写）	⊗	（小写）5747.19

车种号码	××	车船吨位	××	备注	
主管税务机关及代码	××××××				

收款人：李文国　　　复核人：张健　　　开票人：廖永丰　　　承运人 (章)：

第三联 发票联　购货方记账凭证

65

中国工商银行支票存根	中国工商银行 支票 IV V286007
IV V286007	
附加信息	出票日期（大写）贰零壹叁年壹拾壹月壹拾叁日　付款行名称：××××
	收款人：广州宏远有限责任公司　　　出票人账号：××××
出票日期 2013年11月13日	人民币（大写）柒拾万零贰仟元整　　　¥ 7 0 2 0 0 0 0 0
收款人：广州宏远有限责任公司	用途 付A材料货款
金　额：￥702 000.00	上列款项请从
用　途：付A材料货款	我账户支付
	出票人签章　　　复核　　　记账
单位主管　会计	本支票付款期限十天

中国工商银行支票存根	中国工商银行 支票 IV V286008
IV V286008	
附加信息	出票日期（大写）贰零壹叁年壹拾壹月壹拾叁日　付款行名称：××××
	收款人：广州市天天运输公司　　　出票人账号：××××
出票日期 2013年11月13日	人民币（大写）　　　¥ 5 7 4 7 1 9
收款人：广州市天天运输公司	用途 付运费
金　额：￥5 747.19	上列款项请从
用　途：付运费	我账户支付
	出票人签章　　　复核　　　记账
单位主管　会计	本支票付款期限十天

业务32

领 料 单

领料部门：第二车间　　　　　2013年11月13日　　　　编号：××

材料编号	材料名称	规格	单位	请领数量	实发数量	计划价格	
						单价	金额
1515	E材料	H05	个	500	500	8.00	4 000.00

用途	生产乙产品	领料部门		发料部门	
		负责人	领料人	核准人	发料人
		×××	×××	×××	严实

② 交会计

67

领料单

领料部门：**办公室**　　　　　　　2013 年 11 月 13 日　　　　　　　编号：××

材料编号	材料名称	规格	单位	请领数量	实发数量	计划价格	
						单价	金额
1515	E 材料	H05	个	200	200	8.00	1 600.00

②交会计

用途	管理部门用	领料部门		发料部门	
		负责人	领料人	核准人	发料人
		×××	×××	×××	严 实

业务 33

中国工商银行广州天河北支行批量代付成功清单

机构代码：×××　　　机构名称：**中国工商银行广州天河北支行**　　　入账日期：2013 年 11 月 14 日

账　号	姓　名	金　额
3602201601000822451	张 名	3 026.00
3602201601000822452	李温霞	2 610.00
3602201601000822453	陈 翁	5 684.00
3602201601000822454	赵敏尔	2 541.00
3602201601000822455	吴 地	3 526.00
3602201601000822456	胡 晚	1 925.00
3602201601000822457	王 肯	4 125.00
3602201601000822458	欧达华	3 841.00
3602201601000822459	袁余桑	2 684.00
3602201601000822460	孙国庆	3 621.00
…	…	
合计		1 177 920.00

中国工商银行广州
天河北支行
2013.11.14
业务清讫

业务 34

广东省行政事业收费统一票据

2013 年 11 月 14 日

付款单位（个人）：朱 文 　　　　　　　　　　　　　　　No26587898

执行单位代码	项目编码	项目名称	计费单位	计费数量	收费标准	金额（元）
010003	0000100012	培训费				800.00
合计人民币（大写）						¥800.00
缴款通知书编号	×××	缴款方式	现金		备注	

收款单位（盖章）：　　　　开票人：×××　　　　　　　收款人：×××

（印章：中国工商银行 天河北支行 2013.11.14 转讫）

费 用 报 销 单

2013 年 11 月 14 日

现金付讫

部门：办公室	申请人：朱 文
申请事由：参加培训	
报销金额：人民币（大写）	¥800.00
付款方式：现金☑ 支票□ 其他	
总经理签字：杨 天	报销人签字：朱 文
财务主管审批：李 营	出 纳：刘 飞

复核：×××　　　　　　　　　　　　　制单：×××

业务 35

广东省地方税税收通用发票 （电子）

发 票 联

发票代码×××××

开票日期：2013 年 11 月 16 日　　　行业分类：饮食业　　　发票号码×××××

付款方名称：广东省南华股份有限公司
付款方识别号：440609845689784
收款方名称：广州市回味无穷大酒家
收款方识别号：440102586482159
主管税务机关：广州市天河区地方税务局　　防伪号：×××××××××××

序号	开票项目说明	金额
1	餐费	500.00
合计（大写）：伍佰元整		合计（小写）：¥500.00

附注：

（印章：广东省 地方税务局监制；广州市回味无穷大酒家 440102586482159 发票专用章）

注：用餐部门——总经理办公室；
　　事由——招待客户。

业务 36

专用收款收据

No.067589

收款日期：2013 年 11 月 16 日

付款单位	广东省南华股份有限公司	收款单位	广州红星有限责任公司	收款项目	存入保证金	
人民币（大写）			万 千 百 十 元 角 分		结算方式	转账
			￥ 2 3 6 0 0 0			
收款事由	包装物押金			经办 部门	销售部	
				人员	×××	
收款单位财会专用章	会计主管	稽 核	出 纳	交款人		
	×××	×××	×××	×××		

中国工商银行支票存根

IV V286010

附加信息 _____

_____

出票日期 2013 年 11 月 16 日

收款人：

金 额：￥2 360.00

用 途：付押金

单位主管   会计

中国工商银行 支票   IV V286010

出票日期（大写）贰零壹叁年壹拾壹月壹拾陆日   付款行名称：××××

收款人：广州红星有限责任公司   出票人账号：××××

人民币（大写）	千 百 十 万 千 百 十 元 角 分
	￥ 2 3 6 0 0 0

用途 付押金

上列款项请从我账户支付

出票人签章   复核   记账

本支票付款期限十天

73

××××××	广东增值税专用发票					No××××××		
						开票日期：2013 年 11 月 16 日		

购货单位	名　　称：广东省南华股份有限公司 纳税人识别号：440109845689784 地址、电话：广州市沙太南路 113 号　020-87204089 开户行及账号：工行天河北支行　11475086	密码区	70359<*8263+8*512 8394<<79483*73864 8792++879-4792-54 <<6849<>*6753	加密版本：01 3400044792 02168922

货物或应税 劳务名称	规格型号	单位	数量	单价	金额	税率	税额
包装箱	GZ03	个	400	50.00	20 000.00	17%	3 400.00
专用工具	GZ02	把	50	30.00	1 500.00	17%	255.00
合　计					¥21 500.00		¥3 655.00

价税合计（大写）		（小写）¥ 25 155.00

销货单位	名　　称：深圳南方有限责任公司 纳税人识别号：440305411234567 地址、电话：深圳市深南大道 286 号　0755-87204009 开户行及账号：工商银行黄冈支行　88956613	备注	深圳南方有限责任公司 440305411234567 发票专用章

收款人：×××	复核：×××	开票人：赵汉	销货单位：（章）

第二联：发票联　购货方记账凭证

中国工商银行　电汇凭证（回单）　1

委托日期 2013 年 11 月 16 日

付款人	全　　称	广东省南华股份有限公司	收款人	全　　称	深圳南方有限责任公司
	账　号	11475086		账　号	77894333
	汇出地点	广东省 广州市 / 县		汇入地点	广东省深圳市 / 县

汇出行名称	工行广州天河北支行	汇入行名称	工商银行黄冈支行

金额	人民币 （大写）		亿	千	百	十	万	千	百	十	元	角	分

汇款用途：购买包装箱、专用工具

上列款项请在本人的账户内支付，并按照汇兑结算规定汇给收款人。

科目（借）
对方科目（贷）

复核

汇款人签章

中国工商银行广州
天河北支行
2013.11.16
转账

此联是汇出行给汇款人的回单

周转材料入库单

供货单位：深圳南方有限责任公司　　　　　　　　　　　　凭证编号：
发票编号：　　　　　　　　2013 年 11 月 16 日　　　　　收料仓库：01

货物名称	类别	规格	单位	数量	单价	金额
包装箱	包装物	GZ03	个	400	50.00	20 000.00
专用工具	低值易耗品	GZ02	把	50	30.00	1 500.00
	合计					

主管：×××　　　　记账：×××　　　　仓库保管：严 实　　　　经办人：×××

业务 38

领 料 单

领料部门：第一车间　　　　　　　2013 年 11 月 17 日　　　　　　编号：××

材料编号	材料名称	规格	单位	请领数量	实发数量	计划价格	
						单价	金额
1515	E 材料	H05	千克	4 500	4 500	8.00	36 000.00
用途	生产甲产品	领料部门				发料部门	
		负责人		领料人		核准人	发料人
		×××		×××		×××	严 实

② 交会计

业务 39

领 料 单

领料部门：销售部门　　　　　　　2013 年 11 月 17 日　　　　　　编号：××

材料编号	材料名称	规格	单位	请领数量	实发数量	计划价格	
						单价	金额
1516	F 材料	H06	把	80	80	30.00	2 400.00
用途	销售用	领料部门				发料部门	
		负责人		领料人		核准人	发料人
		×××		×××		×××	严 实

② 交会计

广东增值税普通发票

No××××××

开票日期：2013 年 11 月 17 日

购货单位	名　　称：春秋有限责任公司							
	纳税人识别号：440105416111161							
	地址、电话：××××××××							
	开户行及账号：××××××××							

密码区：70359<*8263+8*5828394<<79483*738648792++879-4792-54<<6849<>*61593

加密版本：01
3400044782
02196932

货物或应税劳务名称	规格型号	单位	数量	单价	金额	税率	税额
F 材料	H05	把	80	25.00	2 000.00	17%	340.00
合计							

价税合计（大写）　　　　　　　　　　　　　　　　　　（小写）￥2 340.00

销货单位	名　　称：广东省南华股份有限公司	备注
	纳税人识别号：440109845689784	
	地址、电话：广州市沙太南路 113 号，020-87204089	
	开户行及账号：工行天河北支行，11475086	

收款人：×××　　　　复核：×××　　　　开票人：刘 飞　　　销货单位：（章）

广东省南华股份有限公司 440109845689784 发票专用章

业务 40

上海增值税专用发票

No××××××

发票联

开票日期：2013 年 11 月 18 日

购货单位	名　　称：广东省南华股份有限公司							
	纳税人识别号：440109845689784							
	地址、电话：广州市沙太南路 113 号　020-87204089							
	开户行及账号：工行天河北支行　11475086							

密码区：70359<*8263+8*5328394<<79483*738648792++879-4792-54<<6849<>*6543

加密版本：01
3400044792
02168962

货物或应税劳务名称	规格型号	单位	数量	单价	金额	税率	税额
B	H02	千克	60 000	21.00	1 260 000.00	17%	214 200.00
合计					￥1 260 000.00		￥214 200.00

价税合计（大写）壹佰肆拾柒万肆仟贰佰元整　　　　　（小写）￥1 474 200.00

销货单位	名　　称：上海飞环有限责任公司	备注
	纳税人识别号：310109325539784	
	地址、电话：上海市南京路 188 号　021-68795445	
	开户行及账号：工行南京路支行　78965413	

收款人：×××　　　　复核：×××　　　　开票人：林 文　　　销货单位：（章）

上海飞环有限责任公司 310109325539784 发票专用章

收料单

发票编号：××

供货单位：上海飞环有限责任公司　　　2013 年 11 月 18 日　　　收料仓库：第一仓库

名称	规格型号	单位	数量		实际成本				计划成本	
			应收	实收	单价	金额	运杂费	合计	单位成本	金额
B	H02	千克	60 000	60 000					20	
备注	无损耗							差异		

主管：×××　　　记账：×××　　　仓库保管：严　实　　　经办人：×××

②交会计

中国工商银行

银行汇票（多余款收账通知）　4

汇票号码××××

付款期限
壹个月

| 出票日期（大写） | 贰零壹叁年壹拾壹月零叁日 | 代理付款行：工行南京路支行 |
| | | 行号：××××× |

收款人：上海飞环有限责任公司　　　　账号：78965413

出票金额　人民币（大写）　壹佰肆拾捌万元整

实际结算金额　人民币（大写）　壹佰肆拾柒万肆仟贰佰元整

千	百	十	万	千	百	十	元	角	分
¥	1	4	7	4	2	0	0	0	0

汇款人：广东省高华股份有限公司　　　账号或地址：11475086
出票行：天河北支行　　　　　　　　　行号：×××
汇款用途：购买 B 材料
备　注：_____

广州天河北支行
2013-11-18

出票行签章

年　月　日

密押						左列退回多余金额已收入你账户
多余金额						
万	千	百	十	元	角	分	
¥	5	8	0	0	0	0	财务主管　复核　经办

此联出票行结清多余款后交申请人

业务 41

公益性单位接受捐赠统一收据

中央
财政部监制

2013 年 11 月 19 日

国财××××   No ××××××

捐助者   广东省南华股份有限公司

捐赠项目   救灾款

捐赠金额(实物金额)大写 壹万元整

               小写 ￥10 000.00

货币(实物)种类   人民币

备注

第二联：捐赠者

接受单位(盖章)   审核   经手人   支票号

中国工商银行支票存根

IV V286011

附加信息

_____

_____

_____

出票日期 2013 年 11 月 19 日

收款人：	
金额：	
用途：捐赠款	

单位主管   会计

本支票付款期限十天

中国工商银行 支票   IV V286011

出票日期(大写) 贰零壹叁年壹拾壹月壹拾玖日   付款行名称：××××

收款人：   出票人账号：××××

人民币 (大写)	壹万元整	千	百	十	万	千	百	十	元	角	分
			￥	1	0	0	0	0	0	0	0

用途 捐赠款

上列款项请从

我账户支付

出票人签章   复核   记账

业务 42

上海证券中央登记清算公司

买

2013 年 11 月 19 日

成交过户交割凭单

股东编号：128475	成交证券：红心股份
电脑编号：74537	成交数量：10 000
公司编号：×××	成交价格：10.00
申请编号：234	成交金额：100 000.00
申报时间：10：45	标准佣金：1 000.00
成交时间：10：55	过户费用：200.00
上次余额： 0	印花税：1 000.00
本次成交：10 000 (股)	应付金额：102 200.00
本次余额：10 000 (股)	附加费用：800.00
本次库存：10 000 (股)	实付金额：103 000.00

③通知联

经办单位：银河证券公司××营业部   客户签章：广东省南华股份有限公司

注：公司将其划分为交易性金融资产。

业务 43

股权转让协议 （摘要）

转让方：广东省南华股份有限公司
受让方：广州天平有限责任公司

转让方与受让方经过充分协商，在平等自愿的基础上，就转让方在黄河股份公司的股权转让给受让方事宜，达成以下协议：

一、转让方（广东省南华股份有限公司）将其在黄河股份公司股权 100 000 股转让给受让方（广州天平有限责任公司），每股面值 1 元，转让价格为每股 13 元。

二、受让方（广州天平有限责任公司）以其持有的股份，按照公司章程的规定，享有相应的责、权、利。

三、本协议自双方签字盖章后生效。本协议生效后，由公司尽快完成相关的工商登记变更手续。

四、本协议一式三份，转让方、受让方各执一份，并报主管行政登记机关备案一份。

法人代表签章：　　　　　　　　　　　　　　法人代表签章：
转让方公司签章：　　　　　　　　　　　　　受让方公司签章：
2013 年 11 月 19 日　　　　　　　　　　　　2013 年 11 月 19 日

注：将持有的黄河股份全部转让。

中国工商银行　进账单 （收账通知）　3

2013 年 11 月 19 日

付款人	全称	广州天平有限责任公司	收款人	全称	广东省南华股份有限公司
	账号	23658968		账号	11475086
	开户银行	工行广州越秀支行		开户银行	工行广州天河北支行

金额	人民币（大写）	壹佰叁拾万元整	千	百	十	万	千	百	十	元	角	分
				¥	1	3	0	0	0	0	0	0

票据种类	支票	票据张数	壹张	备注：
票据号码	××××××××			

复核　　　记账

中国工商银行广州
天河北支行
2013.11.19
转讫
收款人开户银行签章

此联是收款人开户银行给收款人的收账通知

业务 44

固定资产盘亏审批意见

根据固定资产盘点报告，乙设备盘亏原因无法查明，经董事会讨论，一致同意转入当期损益。

公司董事会
2013 年 11 月 19 日

85

广东省南华股份有限公司固定资产盘点报告单

2013 年 11 月 19 日

设备名称	设备—乙		使用部门	辅助车间—供气车间
盘点结果	盘盈☐ 盘亏☑		存放地点	辅助车间—供气车间
规格型号	PM0023		生产公司	北京机械生产公司
账面价值（或评估价值）	200 000.00 元		预计尚可使用年限	7 年
已提折旧（含本月数）	60 433.33 元		预计残值	4 000.00 元
盘点人	复核	财务部	设备管理员	设备管理负责人
×××	×××	×××	×××	×××

业务 45

贴现凭证 （收账通知） 4

申请日期 2013 年 11 月 20 日　　　　　　　　No24546

<table>
<tr><td rowspan="3">贴现汇票</td><td>种类</td><td>银行承兑汇票 233 号</td><td rowspan="3">申请人</td><td>全称</td><td>广东省南华股份有限公司</td></tr>
<tr><td>发票日</td><td>2013 年 10 月 20 日</td><td>账号</td><td>11475086</td></tr>
<tr><td>到期日</td><td>2013 年 12 月 19 日</td><td>开户银行</td><td>工商银行广州天河北支行</td></tr>
<tr><td colspan="2">汇票承兑人（或银行）名称</td><td>上海飞环有限责任公司</td><td>账号</td><td>78965413</td><td>开户银行　工行南京路支行</td></tr>
</table>

汇票金额（即贴现金额）　人民币（大写）壹拾万元整　　¥ 百1 十0 万0 千0 百0 十0 元0 角0 分0

| 月贴现率 0.233 335% | 贴现利息 | 万 | 千4 | 百6 | 十6 | 元6 | 角7 | 分 | 实付贴现金额 | ¥ | 百9 | 十9 | 万5 | 千3 | 百3 | 十3 | 元3 | 角 | 分 |

上述款项已入你单位账户
　此致
敬礼

中国工商银行广州天河北支行转讫
2013.11.20

2013 年 11 月 20 日

备注：贴现后，银行不附追索权。

此联是银行给贴现申请人的收账通知

注：该票据为不带息商业汇票。

业务 46

领 料 单

领料部门：供气车间　　　　　2013 年 11 月 21 日　　　　　编号：××

材料编号	材料名称	规格	单位	请领数量	实发数量	计划价格 单价	计划价格 金额
1514	D 材料	H04	千克	1 500	1 500	5.00	7 500.00

用途	辅助车间用	领料部门 负责人	领料部门 领料人	发料部门 核准人	发料部门 发料人
		×××	×××	×××	严 实

②交会计

业务 47

领 料 单

领料部门：第二车间　　　　　　　　　2013 年 11 月 21 日　　　　　　　　编号：××

材料编号	材料名称	规格	单位	请领数量	实发数量	计划价格	
						单价	金额
1517	G 材料	H07	吨	200	200	480.00	96 000.00

用途	生产乙产品	领料部门		发料部门	
		负责人	领料人	核准人	发料人
		×××	×××	×××	严 实

②交会计

业务 48

领 料 单

领料部门：第二车间　　　　　　　　　2013 年 11 月 22 日　　　　　　　　编号：××

材料编号	材料名称	规格	单位	请领数量	实发数量	计划价格	
						单价	金额
1514	D 材料	H04	千克	600	600	5.00	3 000.00

用途	车间一般耗用	领料部门		发料部门	
		负责人	领料人	核准人	发料人
		×××	×××	×××	严 实

②交会计

业务 49

库存现金盘点报告单

账面金额	实际库存金额	长款	短款	原因
2 890.00	2 910.00	20.00	—	待查
盘点人	×××	×××	盘点时间	2013/11/22

出纳：刘 飞　　　　　　会计：×××　　　　　　财务主管：李 营

业务 50

周转材料领料单

领料部门：第一车间　　　　　　2013 年 11 月 23 日　　　　　　编号：××

材料编号	材料名称	规格	单位	请领数量	实发数量	实际价格	
						单价	金额
2601	工作服	GZ01	件	50	50	150.00	7 500.00

用途	劳动保护	领料部门		发料部门	
		负责人	领料人	核准人	发料人
		×××	×××	×××	严 实

②交会计

业务 51

周转材料领料单

领料部门：第二车间　　　　　　2013 年 11 月 23 日　　　　　　编号：××

材料编号	材料名称	规格	单位	请领数量	实发数量	实际价格	
						单价	金额
2602	专用工具	GZ02	把	20	20	30.00	600.00

用途	车间用	领料部门		发料部门	
		负责人	领料人	核准人	发料人
		×××	×××	×××	严 实

②交会计

业务 52

广东增值税专用发票

××××××　　　　　　　　　　　　　　　　　　　　　　　No××××××

此联不作报销　和税凭证使用

开票日期：2013 年 11 月 24 日

购货单位	名　　称：北京三亚有限责任公司 纳税人识别号：110104123147258 地址、电话：北京王府井大街 32 号　010-68935651 开户行及账号：建行王府井支行　98765423	密码区	70359<*8263+8*522 8394<<79483*73864 8792++879-4772-54 <<6849<>*6743	加密版本：01 3400044782 02168932

货物或应税劳务名称	规格型号	单位	数量	单价	金额	税率	税额
甲产品	P01	个	20 000	150.00	3 000 000.00	17%	510 000.00
合计					¥3 000 000.00		¥510 000.00

价税合计（大写）	叁佰伍拾壹万元整		（小写）¥3 510 000.00

销货单位	名　　称：广东省南华股份有限公司 纳税人识别号：440109845689784 地址、电话：广州市沙太南路 113 号　020-87204089 开户行及账号：工行天河北支行　11475086	备注	

收款人：×××　　　　　复核：×××　　　　　开票人：刘 飞　　　　　销货单位：（章）

第三联：记账联　销货方记账凭证

产品出库单

客户名称：北京三亚有限责任公司　　　2013 年 11 月 24 日　　　　　编号：×××

名称	规格	计量单位	出库数量	单位成本	总成本	备注
甲产品	P01	个	20 000			
合计						

财务：×××　　　仓库主管：×××　　　仓库管理员：孙 力　　　经办人：×××

注：成本期末一次结转。

银行承兑汇票 2

汇票号码：××××××

出票日期
（大写）　　　武零壹叁年壹拾壹月武拾肆日

付款人	全称	北京三亚有限责任公司	收款人	全称	广东省南华股份有限公司
	账号	98765423		账号	11475086
	开户银行	建行北京王府井支行		开户银行	工行广州天河北支行

汇票金额	人民币（大写）	叁佰伍拾壹万元整	千	百	十	万	千	百	十	元	角	分
			¥	3	5	1	0	0	0	0	0	0

汇票到期日（大写）	武零壹肆年零武月武拾肆日	付款行	行号	××××××
承兑协议编号	××××××××××××		地址	××××××

本汇票请你行承兑，到期无条件付款。　　本票已经承兑，到期日由本行付款。

出票人签章　　　备注：无息商业汇票　　　　复核　　　记账

中国工商银行　　　　广东省××营业部　　　　广州市电子缴税回单

INDUSTRIAL AND COMMERCIAL BANK OF CHINA GUANGZHOU　　　　No×××××××××

日期：*2013 年 11 月 25 日*　　　　　　　　　　清算日期：*2013 年 11 月 25 日*

付款人	全称	广东省南华股份有限公司	收款人	全称	广州地方税务局天河区征收分局
	账号	11475086		账号	×××××××
	开户银行	工行广州天河北支行		开户银行	中国国家金库广州市天河区支库

金额	人民币（大写）				千	百	十	万	千	百	十	元	角	分

内容　扣缴地税　电子税号 ××××××　纳税人编码 ××××××　纳税人名称

税种	所属期	纳税金额	备注	税种	所属期	纳税金额	备注
基本养老保险	131001—131031	94 233.60	单位	失业保险	131001—131031	23 558.40	单位
工伤保险	131001—131031	11 779.20	单位	住房公积金	131001—131031	141 350.40	单位
生育保险	131001—131031	11 779.20	单位				
医疗保险	131001—131031	94 233.60	单位				
附言							

工行网站：www.icbc.com.cn

服务热线：95588

打印日期：*2013 年 11 月 25 日*

（银行回单专用章）

注：为简化，假设支付的保险费全部由单位负担。

广东增值税专用发票

××××××　　　　　　　　　　　　　　　　　　No××××××

（发广东票联　东省国家税务总局监制）

开票日期：2013 年 11 月 25 日

购货单位	名　称：广东省南华股份有限公司	密码区	70359<*8263+8*50
	纳税人识别号：440109845689784		28394<<79483*738
	地址、电话：广州市沙太南路 113 号 020-87204089		648792++879-4792-
	开户行及账号：工行广州天河北支行 11475086		54<<6849<>6943

加密版本：01 3400044792 02168912

第二联：发票联 购货方记账凭证

货物或应税劳务名称	规格型号	单位	数量	单价	金额	税率	税额
电		度	52 000	0.61	31 720.00	17%	5 392.40
合　计					¥ 31 720.00		¥ 5 392.40

价税合计（大写）		（小写）¥ 37 112.40

销货单位	名　称：广东省电网公司广州供电局	备注
	纳税人识别号：440106734919755	
	地址、电话：广州市天河区××路××号 020-87204000	款项已付。
	开户行及账号：建行广州××支行 6987546	

（广东省电网公司广州供电局 4401067… 发票专用章）

收款人：×××　　　　复核：×××　　　　开票人：文光会　　　　销货单位：（章）

托收凭证（付款通知）

委托日期 *2013* 年 *11* 月 *25* 日　　付款期限　*2013* 年 *11* 月 *28* 日

业务类型	委托收款（□邮划、☑电划）		托收承付（□邮划、□电划）	
收款单位	全称	广东省电网公司广州供电局	全称	广东省南华股份有限公司
	账号或地址	6987546	账号或地址	11475086
	开户银行	建行广州××支行	开户银行	工行广州天河北支行

委收金额　人民币（大写）

	千	百	十	万	千	百	十	元	角	分
				¥	3	7	1	1	2	4	0

款项内容	电费	委托收款凭据名称	增值税专用发票	附寄单证张数	壹张
商品发运情况		××	合同名称号码		××××××××

备注：

付款人开户银行收到日期
2013 年 11 月 26 日
复核　记账

中国工商银行广州
天河北支行
2013.11.28
转讫

收款人开户银行签章
2013 年 11 月 28 日

付款人注意：
1. 根据结算办法，上列委托收款，如在付款期限内未拒付，即视同全部同意付款，以此联代付款通知。
2. 如需提出全部或部分拒付，应在付款期限内，将拒绝付款理由书送银行办理并附债务证明退交给开户行。

电费分配表

2013 年 11 月

项目	金额	计入科目
甲产品	9 620.00	
乙产品	7 100.00	
第一车间	2 000.00	
第二车间	3 000.00	
供热车间	3 000.00	
供气车间	2 000.00	
销售部	3 000.00	
办公室	2 000.00	
合计	31 720.00	

复核：×××　　　　　　　　制单：×××

业务 55

关于库存现金长款的处理意见

　　2013 年 11 月 22 日相关人员盘点库存现金，发现长款 20.00 元，由于无法查明原因，同意转入当期损益。

广东省南华股份有限公司
财务专用章

总经理：杨 天
2013 年 11 月 25 日

托收凭证 (付款通知) 5

委托日期 *2013* 年 *11* 月 *25* 日 　　付款期限 *2013* 年 *11* 月 *28* 日

业务类型	委托收款(□邮划、☑电划)　托收承付(□邮划、□电划)		
收款单位	全　称	广州自来水公司	付款单位
	账号或地址	45897865	
	开户银行	工行广州××支行	

收款单位	付款单位	
全　称	广东省南华股份有限公司	
账号或地址	11475086	
开户银行	工行广州天河北支行	

委收金额	人民币 (大写)	千	百	十	万	千	百	十	元	角	分
				¥	5	0	8	8	0	0	0

款项内容	水费	委托收款凭据名称	增值税专用发票	附寄单证张数	壹张
商品发运情况	××		合同名称号码	××××××××	

备注:	付款人注意:
中国工商银行广州天河北支行 2013.11.28 转讫	1. 根据结算办法,上列委托收款,如在付款期限内未拒付,即视同全部同意付款,以此联代付款通知。
付款人开户银行签章 2013 年 11 月 26 日 复核　记账	2. 如需提出全部或部分拒付,应在付款期限内,将拒绝付款理由书送银行办理,并附债务证明退交给开户行。
收款人开户银行签章 2013 年 11 月 28 日	

此联是付款人开户银行给付款人按期付款的通知

×××××× 　　　　**广东增值税专用发票** 　　　　No×××××××

开票日期: 2013 年 11 月 25 日

购货单位	名　　称: 广东省南华股份有限公司	密码区	70359<*8263+8*582 8394<<79483*718 648792++879-4792- 54<<6849<>*6742	加密版本: 01 3400044792 02168936
	纳税人识别号: 440109845689784			
	地址、电话: 广州市沙太南路 113 号　020-87204089			
	开户行及账号: 工行天河北支行　11475086			

货物或应税劳务名称	规格型号	单位	数量	单价	金额	税率	税额
水		m³	15 000	3.20	48 000.00	6%	2 880.00
合　计					¥48 000.00		¥2 880.00

价税合计 (大写)		(小写) ¥50 880.00

销货单位	名　　称: 广东省广州自来水公司	备注	款项已付。 广东省广州自来水公司 440106734919789 发票专用章
	纳税人识别号: 440106734919789		
	地址、电话: 广州市天河区××路××号　020-87204031		
	开户行及账号: 工行广州××支行　45897865		

收款人: ××× 　　复核: ××× 　　开票人: 文正光 　　销货单位: (章)

第二联: 发票联 购货方记账凭证

99

水费分配表

2013 年 11 月

项目	金额	计入科目
甲产品	12 000.00	
乙产品	10 000.00	
第一车间	3 500.00	
第二车间	1 500.00	
供热车间	6 000.00	
供气车间	2 000.00	
销售部	6 000.00	
办公室	7 000.00	
合计	48 000.00	

制单：××× 复核：×××

业务 57

收 料 单

发票编号：××

供货单位：广州宏远有限责任公司 2013 年 11 月 30 日 收料仓库：第一仓库

名称	规格型号	单位	数 量		实际成本				计划成本		② 交 会 计
			应收	实收	单价	金额	运杂费	合计	单位成本	金额	
A	H01	千克		1 200				13 200.00（暂估）			
备注	发票未到，暂估入账，不作为计算月末材料成本差异的项目						差 异				

主管：××× 记账：××× 仓库保管：严 实 经办人：×××

业务 58

应付职工薪酬工资费用汇总表

编报单位：广东省南华股份有限公司 2013 年 11 月 金额单位：元

应借科目		工资				合计
		分配计入			直接计入	
		定额工时	分配率	分配金额		
生产成本—基本生产成本	甲产品			—	536 220.00	536 220.00
	乙产品			—	856 320.00	856 320.00
	小计			—	1 392 540.00	1 392 540.00
制造费用	第一车间			—	120 360.00	120 360.00
	第二车间			—	62 000.00	62 000.00
	小计			—	182 360.00	182 360.00
生产成本—辅助生产成本	供热			—	31 000.00	31 000.00
	供气			—	26 000.00	26 000.00
	小计			—	57 000.00	57 000.00
销售部门				—	160 000.00	160 000.00
管理部门				—	140 000.00	140 000.00
合计				—	1 931 900.00	1 931 900.00

单位负责人：××× 制单：×××

业务 59

广东省南华股份有限公司扣缴个人所得税汇总表

2013 年 11 月　　　　　　　　　　　　　　　　金额单位：元

分配对象		应付职工薪酬	代扣个人所得税
部门	对象		
第一车间	生产工人	536 220.00	15 672.40
	管理人员	120 360.00	7 836.20
第二车间	生产工人	856 320.00	15 672.40
	管理人员	62 000.00	7 836.20
供热车间		31 000.00	11 754.30
供气车间		26 000.00	7 836.20
销售部门		160 000.00	7 836.20
管理部门		140 000.00	3 918.10
合　计		1 931 900.00	78 362.00

单位负责人：　　　　　　　　　　　　　　　　制单：

职工福利费、工会经费、教育经费汇总表

2013 年 11 月

编报单位：广东省南华股份有限公司　　　　　　　　　　　金额单位：元

分配对象		应付职工薪酬分配金额	实际发生的职工福利费用	应计提工会经费（2%）	应计提职工教育经费（2.5%）
部门	对象				
第一车间	生产工人	536 220.00	75 070.80	10 724.40	13 405.50
	管理人员	120 360.00	16 850.40	2 407.20	3 009.00
第二车间	生产工人	856 320.00	119 884.80	17 126.40	21 408.00
	管理人员	62 000.00	8 680.00	1 240.00	1 550.00
供热车间		31 000.00	4 340.00	620.00	775.00
供气车间		26 000.00	3 640.00	520.00	650.00
销售部门		160 000.00	22 400.00	3 200.00	4 000.00
管理部门		140 000.00	19 600.00	2 800.00	3 500.00
合　计		1 931 900.00	270 466.00	38 638.00	48 297.50

单位负责人：　　　　　　　　　　　　　　　　制单：

注：应付中新百货公司的职工福利品费用尚未支付，所附原始单据略。

编报单位：广东省南华眼镜有限公司

广东省南华股份有限公司"五险一金"计提表

2013 年 11 月

金额单位：元

分配对象		应付职工薪酬分配金额	按照应付职工薪酬计算提取"五险"						住房公积金(12%)	合计(32%)
部门	对象		医疗保险(8%)	失业保险(2%)	养老保险(8%)	生育保险(1%)	工伤保险(1%)	小计(20%)		
第一车间	生产工人	536 220.00	42 897.60	10 724.40	42 897.60	5 362.20	5 362.20	107 244.00	64 346.40	171 590.40
	管理人员	120 360.00	9 628.80	2 407.20	9 628.80	1 203.60	1 203.60	24 072.00	14 443.20	38 515.20
第二车间	生产工人	856 320.00	68 505.60	17 126.40	68 505.60	8 563.20	8 563.20	171 264.00	102 758.40	274 022.40
	管理人员	62 000.00	4 960.00	1 240.00	4 960.00	620.00	620.00	12 400.00	7 440.00	19 840.00
供热车间		31 000.00	2 480.00	620.00	2 480.00	310.00	310.00	6 200.00	3 720.00	9 920.00
供气车间		26 000.00	2 080.00	520.00	2 080.00	260.00	260.00	5 200.00	3 120.00	8 320.00
销售部门		160 000.00	12 800.00	3 200.00	12 800.00	1 600.00	1 600.00	32 000.00	19 200.00	51 200.00
管理部门		140 000.00	11 200.00	2 800.00	11 200.00	1 400.00	1 400.00	28 000.00	16 800.00	44 800.00
合计		1 931 900.00	154 552.00	38 638.00	154 552.00	19 319.00	19 319.00	386 380.00	231 828.00	618 208.00

单位负责人：

制单：

注：为简化，假设计提部分全部由单位负担。

业务 60

固定资产折旧提取计算表

2013年 11月 30 日

金额单位：元

使用部门	固定资产类别	上月应计提折旧固定资产原值	年折旧率	月折旧额	上月增加固定资产原值	月折旧率	月折旧额	上月减少固定资产原值	月折旧率	月折旧额	本月折旧额
第一车间	厂房—A	3 600 000.00	1.960%	—	—	—	—	—	—	—	
	生产线—甲	1 200 000.00	9.800%	—	—	—	—	—	—	—	
	小计	4 800 000.00	—	—	—	—	—	—	—	—	
第二车间	厂房—B	2 400 000.00	1.960%	—	—	—	—	—	—	—	
	生产线—乙	1 000 000.00	9.800%	—	—	—	—	—	—	—	
	小计	3 400 000.00	—	—	—	—	—	—	—	—	
辅助车间——供热	厂房—C	140 000.00	1.960%	—	—	—	—	—	—	—	
	设备—甲	60 000.00	9.800%	—	—	—	—	—	—	—	
	小计	200 000.00	—	—	—	—	—	—	—	—	
辅助车间——供气	厂房—D	100 000.00	1.960%	—	—	—	—	—	—	—	
	设备—乙	200 000.00	9.800%	—	—	—	—	—	—	—	
	小计	300 000.00	—	—	—	—	—	—	—	—	
管理部门	办公室—E	1 600 000.00	1.960%	—	—	—	—	—	—	—	
	小轿车	300 000.00	9.800%	—	—	—	—	—	—	—	
	小计	1 900 000.00	—	—	—	—	—	—	—	—	
销售部门	办公室—F	1 200 000.00	1.960%	—	—	—	—	—	—	—	
	货车	200 000.00	9.800%	—	—	—	—	—	—	—	
	小计	1 400 000.00	—	—	—	—	—	—	—	—	
合计		12 000 000.00	—								

复核： × × ×   制表：张 林

注：尾差计入厂房 D。

业务 61

原材料成本差异率计算表

2013 年 11 月 　　超支：（+）　　节约：（-）

类别	月初结存		本月收入		合计		成本差异率（%）
	计划成本	成本差异	计划成本	成本差异	计划成本	成本差异	
原材料							
合计							

会计主管：×××　　　　　复核：×××　　　　　制表：×××

注：成本差异率精确到小数点后 3 位。

周转材料摊销汇总表

2013 年 11 月 30 日 　　　　　　　　单位：元

领用部门		工作服	专用工具	包装箱
		一次摊销法	一次摊销法	五五摊销法
第一车间	本月领用实际成本		—	—
	本月报废实际成本	—	—	—
	本月摊销额		—	—
第二车间	本月领用实际成本		—	—
	本月报废实际成本		—	—
	本月摊销额		—	—
供热车间	本月领用实际成本		—	—
	本月报废实际成本		—	—
	本月摊销额		—	—
供气车间	本月领用实际成本		—	—
	本月报废实际成本		—	—
	本月摊销额		—	—
合计				—

会计主管：×××　　　　　复核：×××　　　　　制表：

109

原材料发出汇总表

2013 年 11 月 30 日   单位：元

领用部门以及用途		计划成本	差异额	实际成本
第一车间	甲产品			
	一般消耗			
第二车间	乙产品			
	一般消耗			
辅助车间	供热车间			
	供气车间			
管理部门	物料消耗			
销售部门	对外销售			
合　计				

会计主管：×××　　　　　　　复核：×××　　　　　　制表：

业务 62

辅助生产成本分配表

2013 年 11 月 30 日   车间：供热车间

受益部门	工时	分配率	分配额
第一车间			
其中：产品生产	1 200		
一般消耗	200		
第二车间			
其中：产品生产	1 000		
一般消耗	300		
管理部门	100		
销售部门	200		
合　计	3 000		

会计主管：×××　　　　　　　复核：×××　　　　　　制表：

注：采用直接分配法。分配率精确到小数点后 3 位，计算产生的尾差计入管理费用。

业务 63

辅助生产成本分配表

2013 年 11 月 30 日

车间：供气车间

受益部门	数量	分配率	分配额
第一车间			
其中：产品生产	800		
一般消耗	200		
第二车间			
其中：产品生产	900		
一般消耗	400		
管理部门	100		
销售部门	100		
合 计	2 500		

会计主管：×××　　　　　复核：×××　　　　　制表：

注：采用直接分配法。分配率精确到小数点后 3 位，计算产生的尾差计入管理费用。

业务 64

制造费用分配表

2013 年 11 月 30 日

产品名称	生产工时（小时）	分配比率	分配金额
甲产品	3 000		
乙产品	5 000		
合 计	8 000		

会计主管：×××　　　　　复核：×××　　　　　制表：

注：直接计入，无须分配。

业务 65

甲产品成本计算单

2013 年 11 月 30 日

项目	直接材料	直接人工	制造费用	合 计
月初在产品成本				
本月：材料耗用				
分配生产工人薪酬				
分配水电费				
分配辅助生产成本				
分配制造费用				
生产费用合计				
结转本月完工产品成本				
月末在产品成本				

会计主管：×××　　　　　复核：×××　　　　　制表：

甲产品本月完工产品和月末在产品费用分配表

2013 年 11 月 30 日

	项　目	直接材料	直接人工	制造费用	合　计
	生产费用合计				
生产量	本月完工产品数量				
	月末在产品数量				
	月末在产品完工程度				
	月末在产品约当产量				
	生产量小计				
	费用分配率（完工产品单位成本）				
	本月完工产品总成本				
	月末在产品成本				

会计主管：×××　　　　复核：×××　　　　　　制表：

注：分配率精确到小数点后 3 位，计算产生的尾差计入月末在产品成本。

产　品　入　库　单

交库单位：　　　　　　　　　年　月　日　　　　　　编号：×××

名称、规格	单位	交验数量	检验结果（数量）		实收数量	单位成本	总成本	备注
			合格	不合格				
甲产品				0				
乙产品				0				
合计								

仓库管理员：孙　力　　　　校验人：×××　　　　　经办人：×××

乙产品成本计算单

2013 年 11 月 30 日

项　目	直接材料	直接人工	制造费用	合　计
月初在产品成本				
本月：材料耗用				
分配生产工人薪酬				
分配水电费				
分配辅助生产成本				
分配制造费用				
生产费用合计				
结转本月完工产品成本				
月末在产品成本				

会计主管：×××　　　　复核：×××　　　　　　制表：

乙产品本月完工产品和月末在产品费用分配表

2013 年 11 月 30 日

项目		直接材料	直接人工	制造费用	合计
生产费用合计					
生产量	本月完工产品数量				
	月末在产品数量				
	月末在产品完工程度				
	月末在产品约当产量				
	生产量小计				
费用分配率（完工产品单位成本）					
本月完工产品总成本					
月末在产品成本					

会计主管：×××　　　　　　复核：×××　　　　　　制表：

注：分配率精确到小数点后 3 位，计算产生的尾差计入月末在产品成本。

业务 66

主营业务成本计算单

2013 年 11 月

产品种类	月初存货成本			本期完工产品成本			已售产品成本			期末存货成本		
	数量	单位成本	成本总额	数量	单位成本	成本总额	数量	单位成本	成本总额	数量	单位成本	成本总额
甲产品												
乙产品												
合计												

会计主管：×××　　　　　　复核：×××　　　　　　制表：

注：尾差由发出产品成本负担，单位成本精确到小数点后 2 位。

库存商品出库单汇总表

2013 年 11 月

名称	编号	计量单位	数量	单位成本	金额
甲产品	P01	个			
乙产品	P02	个			
合计					

会计主管：×××　　　　　　复核：×××　　　　　　制表：

业务 67

增 值 税 纳 税 申 报 表

(适用于增值税一般纳税人)

根据《中华人民共和国增值税暂行条例》第二十二条和第二十三条的规定制定本表。纳税人不论有无销售额，均应按主管税务机关核定的纳税期限按期填报本表，并于规定期内，向当地税务机关申报纳税并结清上月应纳税款。

税务所属时间：自　年　月　日至　年　月　日　　填表日期：　年　月　日　金额单位：元（列至角分）

纳税人识别号						所属行业	
纳税人名称			法定代表人姓名		注册地址		营业地址
开户银行及账号			企业登记注册类型			电话号码	

项　目		栏　次	一般货物及劳务		即征即退货物及劳务	
			本月数	本年累计	本月数	本年累计
销售额	（一）按适用税率征税货物及劳务销售额	1				
	其中：应税货物销售额	2				
	应税劳务销售额	3				
	纳税检查调整的销售额	4				
	（二）按简易征收办法征税货物销售额	5				
	其中：纳税检查调整的销售额	6				
	（三）免、抵、退办法出口货物销售额	7			—	—
	（四）免税货物及劳务销售额	8			—	—
	其中：免税货物销售额	9			—	—
	免税劳务销售额	10			—	—
税款计算	销项税额	11				
	进项税额	12				
	上期留抵税额	13		—		—
	进项税额转出	14				
	免抵货物应退税额	15			—	—
	按适用税率计算的检查应补税额	16				
	应抵扣税额合计	17＝12＋13－14－15＋16				
	实际抵扣税额	18（如17＜11，则为17，否则为11）				
	应纳税额	19＝11－18				
	期末留抵税额	20＝17－18				
	简易征收办法计算的应纳税额	21				
	简易征收办法计算的查补应纳税额	22			—	—
	应纳税额减征额	23				
	应纳税额合计	24＝19＋21－23				
税款缴纳	期初未缴税额（多缴为负数）	25				
	实收出口开具专用缴款书退税额	26			—	—
	本期已缴税额	27＝28＋29＋30＋31				
	①分次预缴税额	28		—		—
	②出口开具专用缴款书预缴税额	29		—		—
	③本期缴纳上期应纳税额	30				
	④本期缴纳欠缴税额	31				
	期末未缴税额（多缴为负数）	32＝24＋25＋26－27				
	其中：欠缴税额（≥0）	33＝25＋26－27			—	—
	本期应补（退）税额	34＝24－28－29				
	即征即退实际退税额	35	—	—		
	期初未缴查补税额	36				
	本期入库查补税额	37				
	期末未缴查补税额	38＝16＋22＋36－37			—	—

授权声明	如果你已委托代理人申报，请填写下列资料： 　　为代理一切税务事宜，现授权 （地址）　　　　　　为本纳税人的代理申报人，任何与本申报表有关的往来文件，都可寄予此人。 　　　　　　　　　　　　　　授权人签字：	申报人声明	此纳税申报表是根据《中华人民共和国增值税暂行条例》的规定填报的，我确信它是真实的、可靠的、完整的。 　　　　　　　　　　　　声明人签字：

119

业务 68

其他应税消费品消费税纳税申报表

税款所属期：　　年　　月　　日至　　年　　月　　日

纳税人名称（公章）：纳税人识别号：□□□□□□□□□□□□□□□□

填表日期：　　年　　月　　日　　　　　　　　　　金额单位：元（列至角分）

项目 应税 消费品名称	适用税率	销售数量	销售额	应纳税额
合计	—	—	—	—

本期准予抵减税额：

本期减（免）税额：

期初未缴税额：

本期缴纳前期应纳税额：

本期预缴税额：

本期应补（退）税额：

期末未缴税额：

声明

　　此纳税申报表是根据国家税收法律的规定填报的，我确定它是真实的、可靠的、完整的。

经办人（签章）：×××

财务负责人（签章）：李营

联系电话：020-87204089

（如果你已委托代理人申报，请填写）

授权声明

　　为代理一切税务事宜，现授权_____

_____（地址）_____为本纳税人的代理申报人，任何与本申报表有关的往来文件，都可寄予此人。

授权人签章：

以下由税务机关填写

受理人（签章）：　　　　受理日期：　　年　　月　　日　　　受理税务机关（章）：

121

业务 69

无形资产摊销表

2013 年 11 月 30 日

无形资产	本月摊销金额	未摊销金额
专利权		
商标		
合计		

制表:　　　　　　　　　　　主管领导: ×××

业务 70

借款应付利息计算表

2013 年 11 月 30 日

贷款项目	贷款期限	本金	年利率	月提取额
合计	—	—	—	

单位主管: ×××　　　会计: ×××　　　复核: ×××　　　制单: ×××

业务 71

城建税及教育费附加计算表

2013 年 11 月 30 日

计税依据	本期增值税	本期消费税	城建税税率	教育费附加税率	地方教育费附加税率	应纳税额
城建税			7%			
教育费附加				3%		
地方教育费附加					2%	
合计	—		—		—	

单位主管: ×××　　　复核: ×××　　　制表:

注: 计算结果精确到小数点后 2 位。

业务 72

收入类科目的本月净发生额

2013 年 11 月 30 日

科目名称	贷方
合　计	

会计主管：×××　　　　　　　复核：×××　　　　　　　　　制表：

费用类科目的本月净发生额

2013 年 11 月 30 日

科目名称	借方
合　计	

会计主管：×××　　　　　　　复核：×××　　　　　　　　　制表：

业务 73

银行存款余额调节表

账户：　　　　　　　　　　*2013 年　　　月*　　　　　　　　　单位：元

项　　目	金　额	项　　目	金　额
企业银行存款日记账余额		银行对账单余额	
加：银行已收、企业未收款		加：企业已收、银行未收款	
减：银行已付、企业未付款		减：企业已付、银行未付款	
调节后余额		调节后余额	

财务主管：　　　　　　　　　　　　　　　　　　　　制表：

中国工商银行广州天河北支行对账单

2013 年 11 月

户名：广东省南华股份有限公司　　　　　　币种：人民币　　　单位：元

开户行：广州天河北支行　　　　账号：11475086

月	日	凭证号	摘要	交易代码	借方发生额	贷方发生额	余额
11	1	××××	月初余额	××××			6 005 646.00
11	1	××××	提现	××××	2 000.00		
11	1	××××	借款	××××		300 000.00	
11	2	××××	付F材料货款	××××	6 786.00		
11	2	××××	托收手续费	××××	20.60		
11	3	××××	税务罚款	××××	240.00		
11	3	××××	申请银行汇票	××××	1 480 000.00		
11	4	××××	购B材料货款	××××	69 264.00		
11	5	××××	甲产品货款	××××		526 500.00	
11	6	××××	宽带费	××××	3 600.00		
11	8	××××	付排污费	××××	1 600.00		
11	8	××××	付D材料货款	××××	11 700.00		
11	8	××××	托收手续费	××××	13.10		
11	9	××××	付工作服货款	××××	17 550.00		
11	10	××××	货车残料收入	××××		6 000.00	
11	10	××××	乙产品货款	××××		1 170 000.00	
11	10	××××	税款	××××	928 413.03		
11	13	××××	付A材料货款	××××	702 000.00		
11	13	××××	付运费	××××	5 747.19		
11	14	××××	付工资	××××	1 177 920.00		
11	16	××××	付包装物保证金	××××	2 360.00		
11	16	××××	购包装箱专用工具	××××	25 155.00		
11	18	××××	购买B材料	××××		5 800.00	
11	19	××××	捐赠款	××××	10 000.00		
11	19	××××	购交易性金融资产	××××	103 000.00		
11	19	××××	转让长期股权投资	××××		1 300 000.00	
11	20	××××	贴现票据	××××		99 533.33	
11	25	××××	付五险一金	××××	376 934.40		
11	25	××××	付电费	××××	37 112.40		
11	25	××××	付水费	××××	50 880.00		
11	30	××××	付通信费	××××	1 155.00		
			合计	××××	5 013 450.72	3 407 833.33	4 400 028.61

注：对账单借贷方向与企业相反。　　　　　　　打印日期：2013 年 11 月 30 日

业务 74　编制资产负债表（略）

业务 75　编制利润表（略）

二、12 月份资料

由于新产品研发，本月第二车间开始生产销售丙产品，第二车间生产产品共有乙和丙产品两种，采用多品种的品种法核算乙、丙产品的生产成本。完工产品与在产品按照约当产量进行分配。

业务 1

收 料 单

发票编号：××

供货单位：广州宏远有限责任公司　　2013 年 12 月 1 日　　收料仓库：第一仓库

名称	规格型号	单位	数量		实际成本				计划成本		
			应收	实收	单价	金额	运杂费	合计	单位成本	金额	
A	H01	千克	1 200	1 200				13 200.00 (暂估)			②交会计

备注 冲销上月末暂估入账的 A 材料货款	差异	
主管：×××	记账：×××	仓库保管：严 实 　　经办人：×××

业务 2

广东省电信公司广州分公司电信业务专用发票

中国电信 CHINA TELECOM　　　发票联

发票代码：2440606410412

发票号码：021644125

客户名称：广东省南华股份有限公司　　　　客户代码：×××××

开户银行：中国工商银行广州天河北支行　　银行账号：11475086

计费周期：2013.10.26—2013.11.25　　　　2013 年 11 月 30 日填开

项　目	金　额	项　目	金　额	项　目	金　额
月租费	100.00	其他费	93.00		
市话费	526.00	IP 费			
长途费	436.00	滞纳金			
大写金额	壹仟壹佰伍拾伍元整			小写金额	￥1 155.00

收款员：2013　　　　　　　　　　　　收款单位（盖章）：

注：管理部门通信费。

托收凭证(付款通知) 5

委托日期 2013年11月30日　　付款期限 2013年12月2日

业务类型	委托收款(☑邮划、□电划)　托收承付(□邮划、□电划)											
收款单位 全 称	广东省电信公司广州分公司		付款单位	全 称	广东省南华股份有限公司							
账 号 或地址	××××××××××			账 号 或地址	11475086							
开户银行	农行广州市××支行			开户银行	工行广州天河北支行							

委收金额	人民币 (大写)		千	百	十	万	千	百	十	元	角	分
						¥	1	1	5	5	0	0

款项内容	电信费	委托收款凭据名称	电信业务专用发票	附寄单证张数	壹张
商品发运情况	略		合同名称号码	××××××××	

备注:

中国工商银行广州
天河北支行
2013.12.1
转

付款人开户银行签章
2013年11月30日
复核　记账

收款人开户银行签章
2013年12月01日

付款人注意:
1. 根据结算办法,上列委托收款,如在付款期限内未拒付,即视同全部同意付款,以此联代付款通知。
2. 如需提出全部或部分拒付,应在付款期限内,将拒绝付款理由书送银行办理,并附债务证明退交给开户行。

此联是付款人开户银行给付款人按期付款的通知

业务3

专用收款收据　　No 062366

收款日期 2013年12月1日

付款单位	广州天平有限责任公司	收款单位	广东省南华股份有限公司	收款项目		押金	

人民币 (大写)			万	千	百	十	元	角	分	结算方式	支票
			¥	3	0	0	0	0	0		

收款事由	出借包装箱,收取包装物押金		部门	销售部
			人员	×××

收款单位财会专用章	会计主管	稽核	出纳	交款人
	×××	×××	×××	×××

131

包装箱租赁合同 (摘要)

承租单位：**广州天平有限责任公司**

出租单位：**广东省南华股份有限公司**

一、租赁企业概况（略）

二、租赁期限共四个月。自 2013 年 12 月 1 日至 2014 年 3 月 31 日止。

三、租赁项目：周转材料——包装箱。

四、租金

1. 租金数额：合计肆仟元整（￥4 000.00 元）。

2. 租金交付期限和交付办法：合同签订之日支付 1 000.00 元，余款在 2014 年 1 月至 3 月每月 5 日前支付。

五、押金：3 000.00 元（合同到期后返还）

六、双方的权利和义务

出租方权利和义务：（略）

承租方权利和义务：（略）

七、合同的变更和解除（略）

八、违约责任（略）

九、租赁期满后资产处理：返还资产。

十、争议的解决方式（略）

十一、本合同自签订时起生效。合同正本一式两份，出租方和承租方各执一份。

承租方：（公章）

出租方：（签章）

法人代表（签章）：

法人代表（签章）：

签约时间：2013 年 12 月 1 日

签约地点：广州天平有限责任公司

注：收到租金按缴纳增值税处理。

周转材料领料单

领料部门：**销售部门**　　　　　　　　*2013 年 12 月 1 日*　　　　　　　编号：××

材料编号	材料名称	规格	单位	请领数量	实发数量	实际价格	
						单价	金额
2603	包装箱	GZ03	个	72	72	50.00	3 600.00

用途	出租包装箱	领料部门		发料部门	
		负责人	领料人	核准人	发料人
		×××	×××	×××	严 实

②交会计

注：月末再摊销。

中国工商银行　支票　IV V232005

出票日期（大写）贰零壹叁年壹拾贰月零壹日　付款行名称：××××

收款人：广东省南华股份有限公司　出票人账号：××××

人民币 （大写）	叁仟元整	千	百	十	万	千	百	十	元	角	分
					¥	3	0	0	0	0	0

用途　押金

上列款项请从

我账户支付

出票人签章

复核　　记账

本支票付款期限十天

中国工商银行　支票　IV V232006

出票日期（大写）　贰零壹叁年壹拾贰月零壹日　付款行名称：××××

收款人：广东省南华股份有限公司　出票人账号：××××

人民币 （大写）	壹仟元整	百	十	万	千	百	十	元	角	分
					¥	1	0	0	0	0	0

用途　租金

上列款项请从

我账户支付

出票人签章

复核　　记账

本支票付款期限十天

中国工商银行　进账单(收账通知) 3

2013 年 12 月 1 日

付款人	全　称	广州天平有限责任公司	收款人	全　称	广东省南华股份有限公司
	账　号	××××××××		账　号	11475086
	开户银行	××××××××		开户银行	工行天河北支行

金额	人民币 （大写）		千	百	十	万	千	百	十	元	角	分
						¥	4	0	0	0	0	0

票据种类	支票	票据张数	贰张
票据号码		××××××××	

复核　　记账

备注：

中国工商银行广州
天河北支行
2013.12.1
转
讫

收款人开户银行签章

此联是收款人开户银行给收款人的收账通知

注：收到租金开具发票略。

135

业务 4

代理发行企业债券协议书 （摘要）

发 行 债 券 单 位：**广东省南华股份有限公司** （甲方）

代理发行债券单位：**工商银行广州分行** （乙方）

为建造生产线，经中国人民银行批准，发行三年期债券壹仟万元，单位面值 1 000.00 元，发行 10 000 张，采用平价发行方式，票面利率为 6%，市场利率为 6%，到期一次还本付息。

为明确双方责任，经双方协议，达成如下协议：

一、甲方为企业债券的债务人，承担债券的全部风险。

二、乙方为甲方债券发行的代理人，负责债券的保管、发行、兑付等工作，但不承担债券到期不能兑付的经济和法律责任。

三、发行债券筹集的资金，甲方只能按照中国人民银行批准的项目用于建造生产线，不得挪作他用。

四、本协议书一式四份，甲乙双方各执一份，中国人民银行两份，本协议自中国人民银行批准后生效。

（其他略）

发行债券单位：   代理发行单位：

甲方（印章）   乙方（印章）

法人代表章：   法人代表章：

2013 年 12 月 1 日   2013 年 12 月 1 日

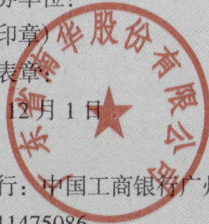

开户银行：中国工商银行广州天河北支行

账号：11475086

注：为简化，不考虑手续费。

中国工商银行　特种转账传票　贷方凭证

2013 年 12 月 1 日

付款人	全　称	中国工商银行广州分行			收款人	全　称	广东省南华股份有限公司		
	账　号	××××××××××				账　号	11475086		
	开户银行	本行	行号	××		开户银行	工行广州天河北支行	行号	××

金额	人民币		亿	千	百	十	万	千	百	十	元	角	分
（大写）			¥	1	0	0	0	0	0	0	0	0	0

原凭证金额	××	科　目 （贷）	
原凭证名称	××	号码	对方科目 （借）	
转账原因	债券款		

银行盖章　　　　　　　　复核　　　记账

代贷方凭证或收款通知

137

业务 5

特聘高级主管房租补贴款计算表

2013 年 12 月 1 日

姓 名	所属部门	职 位	所属期间	每月房补标准	支付房补
杨 天	管理部门	总经理	12月份	1 500.00	1 500.00
合计	—	—	—	￥1 500.00	￥1 500.00

制单：×××　　　　　主管领导：×××　　　　　领款人：杨 天

中国工商银行支票存根	中国工商银行　支票　　IV V286019
IV V286019	

中国工商银行支票存根

IV V286019

附加信息

＿＿＿＿＿＿＿＿＿＿

＿＿＿＿＿＿＿＿＿＿

＿＿＿＿＿＿＿＿＿＿

出票日期 2013 年 12 月 1 日

收款人：广州市天河北物业
管理公司

金　额：￥1 500.00

用　途：付杨天房补

单位主管　　　　会计

中国工商银行　支票　　IV V286019

出票日期（大写）贰零壹叁年壹拾贰月零壹日　付款行名称：××××

收款人：广州市天河北物业管理公司　　出票人账号：××××

人民币（大写）	壹仟伍佰元整	千	百	十	万	千	百	十	元	角	分
					￥	1	5	0	0	0	0

用途　付杨天房补

上列款项请从
我账户支付

出票人签章　　　　复核　　　　记账

本支票付款期限十天

业务 6

工会经费拨缴款专用收据

国财××××　　　　　　　　　　　　　　No ××××××

交款单位	广东省南华股份有限公司
交款项目	2013 年 10 —11 月工会经费
交款金额	人民币（大写）：佰　拾　万　仟　佰　拾　元　角　分
	￥62 196.40
收款单位（公章）	广东省总工会 ×××委员会 财务专用章　　　　　收款人（盖章）　　2013 年 12 月 2 日

第二联　收据

139

中国工商银行支票存根

IV V286020

附加信息

_____

_____

_____

出票日期 2013年 12月 2日

收款人：**广东省总工会**

金　额：**¥62 196.40**

用　途：**拨缴工会经费**

单位主管　　　　会计

本支票付款期限十天

中国工商银行　支票　IV V286020

出票日期（大写）**贰零壹叁年壹拾贰月零贰日**　付款行名称：××××

收款人：**广东省总工会**　　　　　　出票人账号：××××

人民币(大写)		千	百	十	万	千	百	十	元	角	分

用途　**拨缴工会经费**

上列款项请从
我账户支付

出票人签章　　　　　复核　　　　　记账

业务 7

广东增值税专用发票

××××××　　　　　　　　　　　　　　　　　　　Noxxxxxx

发 票 联

开票日期：2013 年 12 月 2 日

购货单位	名　　称：广东省南华股份有限公司
	纳税人识别号：440109845689784
	地址、电话：广州市沙太南路 113 号　020-87204089
	开户行及账号：工行天河北支行　11475086

密码区
70359<*8263+8*582
8394<<79483*73864
8792++879-4792-54
<<6849<>*6743

加密版本：01
3400044792
02168932

第二联：发票联　购货方记账凭证

货物或应税劳务名称	规格型号	单位	数量	单价	金额	税率	税额
E	H05	个	3 000	7.80	23 400.00	17%	3 978.00
合　计					¥23 400.00		¥3 978.00

价税合计（大写）　　　　　　　　　　　　　　　　（小写）¥27 378.00

销货单位	名　　称：广州宏远有限责任公司
	纳税人识别号：440102358600545
	地址、电话：广州市中山中路 505 号　020-87204088
	开户行及账号：工商银行东风支行　65432123

备注

收款人：×××　　　复核：×××　　　开票人：孙 汉　　　销货单位：(章)

141

附加信息

_____

_____

出票日期 2013年 12月 2日

收款人：	广州宏远有限责任公司
金　额：	￥27 378.00
用　途：	E材料货款

单位主管　　　　会计

中国工商银行　支票　　IV V286021

出票日期（大写）　贰零壹叁年壹拾贰月零贰日　　付款行名称：××××

收款人：广州宏远有限责任公司　　　　　　出票人账号：××××

人民币 （大写）		千	百	十	万	千	百	十	元	角	分
			￥	2	7	3	7	8	0	0

本支票付款期限十天

用途：E材料货款

上列款项请从

我账户支付

出票人签章　　　　　复核　　　　记账

广东省南华股份有限公司 财务专用章

军张印田

货物运输业增值税专用发票

×××××××

××××××××××

×××××××××××

No××××××××

开票日期：2013 年 12 月 2 日

广东 发××税务总局监制

承运人及 纳税人识别号	广州市天天运输公司 ××××××××××	密码区	×××××××××××××× ××××××××××××××
实际受票方及 纳税人识别号	广东省南华股份有限公司 +440109845689784		
收货人及 纳税人识别号	广东省南华股份有限公司 +440109845689784	发货人及 纳税人识别号	广州宏远有限责任公司 440102358600545
发起地、经由、到达地	××××××××××		

费用明细及金额	费用项目　金额　费用项目　金额 E材料运费　558	运输货物信息	广州市天天运输公司 440109325534554 发票专用章

合计金额	558	税率	11%	税额	68.97	机器编号	
价税合计（大写）	⊗				（小写）626.97		
车种号码	××	车船吨位	××	备注			
主管税务机关及代码	××××××××						

收款人：李文国　　　　复核人：张健　　　　开票人：廖永丰　　　　承运人（章）：

第三联 发票联　购货方记账凭证

收　料　单

发票编号：××

供货单位：广州宏远有限责任公司　　　2013年 12月 2日　　　收料仓库：第一仓库

名称	规格 型号	单位	数量		实际成本				计划成本		②
			应收	实收	单价	金额	运杂费	合计	单位成本	金额	交会计
E材料	H05	个	3 000	3 000							
备注		无损耗				差异					

主管：×××　　　记账：×××　　　仓库保管：严实　　　经办人：×××

中国工商银行支票存根

IV V286022

附加信息

_____

_____

_____

出票日期 2013 年 12 月 2 日

收款人：广州市天天运输公司

金　额：¥626.97

用　途：付运费

单位主管　　　会计

中国工商银行　支票　IV V286022

出票日期（大写）贰零壹叁年壹拾贰月零贰日　付款行名称：××××

收款人：广州市天天运输公司　　出票人账号：××××

人民币（大写）	千	百	十	万	千	百	十	元	角	分
					¥	6	2	6	9	7

用途　付运费

上列款项请从

我账户支付

出票人签章　　　复核　　　记账

本支票付款期限十天

业务 8

××××××　　　　广东增值税专用发票　　　No××××××

此联不作报销、扣税凭证使用

开票日期：2013 年 12 月 3 日

购货单位	名　　称：广州天河有限公司 纳税人识别号：440105416147852 地址、电话：×××××××× 开户行及账号：××××××××	密码区	70359<*8263+8*582 8394<<79483*73864 8792++879-4792-54 <<6849<>*6743	加密版本：01 3400044792 02168932

货物或应税劳务名称	规格型号	单位	数量	单价	金额	税率	税额
乙产品	P02	个	1 200	100.00	120 000.0	17%	20 400.00
合　计							

价税合计（大写）　　　　　　　　　　　　　　　　（小写）¥140 400.00

销货单位	名　　称：广东省南华股份有限公司 纳税人识别号：440109845689784 地址、电话：广州市沙太南路 113 号　020-87204089 开户行及账号：工行天河北支行　11475086	备注	

收款人：×××　　　复核：×××　　　开票人：刘 飞　　　销货单位：（章）

第三联：记账联　销货方记账凭证

注：信用条件为（5/10，n/30），现金折扣不含增值税。

产品出库单

客户名称：**广州天河有限公司**　　　　2013 年 12 月 3 日　　　　编号：×××

名称	规格	计量单位	出库数量	单位成本	总成本	备注
乙产品	P02	个	1 200			
合计						

财务：×××　　仓库主管：×××　　仓库管理员：孙　力　　经办人：×××

② 会计记账联

业务 9

非货币交易协议书 (摘要)

甲方：**广东省南华股份有限公司**

乙方：**广州红星有限责任公司**

　　甲方以本企业乙产品与乙方换取货车一辆，交换日换出乙产品公允价值（含税）292 500.00 元（117×2 500.00），账面价值 200 000.00 元，适用增值税税率 17%，计税价值等于公允价值。交换日货车的公允价值 292 500.00 元，账面价值 340 000.00 元，已计提折旧 50 000.00 元，双方交换的资产都没有计提减值准备。

（其他略）

单位名称（章）：广东省南华股份有限公司	单位名称（章）：广州红星有限责任公司
单位地址：广州市天河区沙太南路 113 号	单位地址：广州市天河北路××号
法定代表人：张田军	法定代表人：崔少羌
委托代理人：	委托代理人：
电话：020-87204089	电话：020-8720××××
开户银行：广州天河北支行	开户银行：建设银行越秀支行
账号：11475086	账号：45698121
邮编：510507	邮编：510200
协议签订时间：2013 年 12 月 3 日	协议签订时间：2013 年 12 月 3 日

产品出库单

客户名称：**广州红星有限责任公司**　　　　2013 年 12 月 3 日　　　　编号：×××

名称	规格	计量单位	出库数量	单位成本	总成本	备注
乙产品	P02	个	2 500			产品换货车
合计						

财务：×××　　仓库主管：×××　　仓库管理员：孙　力　　经办人：×××

② 会计记账联

广东增值税专用发票

此联不作报销、扣税凭证使用

开票日期：2013 年 12 月 3 日

购货单位	名　称：	广州红星有限责任公司							
	纳税人识别号：	440105698569632							
	地址、电话：	87204099							
	开户行及账号：	建行越秀支行　45698121							

密码区：
70359<*8263+8*580
8394<<79483*73894
8792++879-4792-54
<<6849<>*6745

加密版本：01
3400044793
02168932

第三联：记账联　销货方记账凭证

货物或应税劳务名称	规格型号	单位	数量	单价	金额	税率	税额
乙产品	P02	个	2 500	100.00	250 000.00	17%	42 500.00
合　计					¥250 000.00		¥42 500.00

价税合计（大写）		（小写）¥292 500.00

销货单位	名　称：	广东省南华股份有限公司	
	纳税人识别号：	440109845689784	
	地址、电话：	广州市沙太南路 113 号　020-87204089	备注
	开户行及账号：	工行天河北支行　11475086	

收款人：×××　　　复核：×××　　　开票人：刘 飞　　　销货单位：（章）

固定资产验收单

2013 年 12 月 3 日

资产名称	规格型号	计量单位	数量	安装完工日期	实际成本					备注
					设备价款	运杂费	安装费	其他	合计	
货车	H1007	辆	1	—	292 500.00	—			292 500.00	

预计使用年限	3 年	预计净残值	5 850.00	月折旧额	7 962.50

移交单位	资产管理部	负责人	刘 海	接收单位	销售部门	负责人	金 勇
		会计主管	×××			会计主管	×××
		经办人	×××			经办人	×××

备注	产品换货车

业务 10

领 料 单

领料部门：第二车间　　　　　　　　2013 年 12 月 3 日　　　　　　　　编号：××

材料编号	材料名称	规格	单位	请领数量	实发数量	计划价格	
						单价	金额
1512	B材料	H02	千克	5 000	5 000	20.00	100 000.00

用途	生产乙产品和丙产品	领料部门		发料部门	
		负责人	领料人	核准人	发料人
		×××	×××	×××	严 实

②交会计

材料费用分配表

2013 年 12 月 3 日

产品名称	材料定额消耗量（千克）	材料费用分配率	应分配材料费用
乙产品	36		
丙产品	14		
合计	50		

主管领导：×××　　　　　　　　复核：×××　　　　　　　　制单：

业务 11

中国工商银行　进账单（收账通知）　**3**

2013 年 12 月 4 日

付款人	全称	广州天河有限公司	收款人	全称	广东省南华股份有限公司
	账号	741236985		账号	11475086
	开户银行	中行白云支行		开户银行	工行天河北支行

金额	人民币（大写）	千	百	十	万	千	百	十	元	角	分
			¥	1	3	4	4	0	0	0	0

票据种类	支票	票据张数	壹张
票据号码		××××××××	

中国工商银行广州
天河北支行
2013.12.4
转
讫　收款人开户银行签章

复核　记账

中国工商银行　支票　IV V85236

出票日期（大写）贰零壹叁年壹拾贰月零肆日　付款行名称：××××
收款人：　　　　　　　　　　　　　　　　　　出票人账号：××××

人民币（大写）	壹拾叁万肆仟肆佰元整	千	百	十	万	千	百	十	元	角	分
				¥	1	3	4	4	0	0	0	0

用途　乙产品货款

上列款项请从
我账户支付
出票人签章　　　　　　　复核　　　记账

本支票付款期限十天

财务专用章
光姚印则
广东河有限公司

业务12

中国太平洋财产保险股份有限公司
保险费专用发票

2013 年 12 月 4 日

发票代码：×××××××
发票号码：××××××

兹收到　广东省南华股份有限公司

保险费（大写）柒仟捌佰捌拾陆元整　　　　　　　　　　　RMB　7 886.00

系付　　　财产　　　险保单第　　AJINB66ZH4002800　　　号的保险费

单位名称（签章）
太平洋财产保险股份有限公司
4401000023703
发票专用章

说明：管理部门财产

主管：×××　　　　　复核：×××　　　　　经办：孙　文

第二联：发票联

中国工商银行支票存根 IV V286023	中国工商银行　支票　IV V286023
附加信息	出票日期（大写）　年　月　日　付款行名称：××××
	收款人：　　　　　　　出票人账号：××××

中国工商银行　支票　IV V286023

出票日期（大写）　年　月　日　付款行名称：××××
收款人：　　　　　　　　　　　　出票人账号：××××

人民币（大写）	千	百	十	万	千	百	十	元	角	分

用途　保险费
上列款项请从
我账户支付
出票人签章　　　复核　　　记账

本支票付款期限十天

军张印田
广东省南华股份有限公司
财务专用章

出票日期 2013 年 12 月 4 日

收款人：太平洋财产保险股份有限公司

金　额：￥7 886.00

用　途：保险费

单位主管　　　会计

153

业务 13

领　料　单

2013 年 12 月 4 日　　　　　　　　　编号：××

领料部门：销售部门

材料编号	材料名称	规格	单位	请领数量	实发数量	计划价格	
						单价	金额
1517	G材料	H07	吨	10	10	480.00	4 800.00

用途	对外销售	领料部门		发料部门	
		负责人	领料人	核准人	发料人
		×××	×××	×××	严　实

××××××　　　　　　　　　广东增值税普通发票　　　　　　Noxxxxxxx

开票日期：2013 年 12 月 4 日

购货单位	名　　称	广州金阳有限责任公司		密码区	70359<*8263+8*5828394<<79483*738648792++879-4792-54<<6849<>*61593	加密版本：01 3400044792 02196932
	纳税人识别号：	440102741258369				
	地址、　电话：	××××××××				
	开户行及账号：	××××××××				

货物或应税劳务名称	规格型号	单位	数量	单价	金额	税率	税额
G材料	H07	吨	10	500.00	5 000.00	17%	850.00
合计							

价税合计（大写）						（小写）¥5 850.00

销货单位	名　　称	广东省南华股份有限公司	备注	
	纳税人识别号：	440109845689784		
	地址、　电话：	广州市沙太南路 113 号，020-87204089		
	开户行及账号：	工行天河北支行，11475086		

收款人：×××　　　　复核：×××　　　　开票：刘　飞　　　销货单位：（章）

广东省南华股份有限公司
440109845689784
发票专用章

155

中国银行　支票　　IV M 365214

出票日期（大写）贰零壹叁年壹拾贰月零肆日　　付款行名称：××××

收款人：广东省南华股份有限公司　　出票人账号：××××

人民币（大写）	伍仟柒佰伍拾元整	千	百	十	万	千	百	十	元	角	分
				￥	5	8	5	0	0	0	

用途：付 G 材料货款

上列款项请从
我账户支付
出票人签章　　钱郭印钱　　复核　　记账

本支票付款期限十天

业务 14

关于发放职工生活困难补助的通知

财务部：

　　根据工会福利小组的意见，经工会委员会研究，决定给予赵江等五位同志困难补助，共计人民币贰仟伍佰元整，以现金发放，请按所附花名册发放。

办公室
2013 年 12 月 5 日

中国工商银行支票存根
IV V286024

附加信息

出票日期 2013 年 12 月 5 日

收款人：广东省南华股份有限公司

金　额：￥2 500.00

用　途：

单位主管　　会计

中国工商银行　支票　　IV V286024

出票日期（大写）贰零壹叁年壹拾贰月零伍日　　付款行名称：××××

收款人：广东省南华股份有限公司　　出票人账号：××××

人民币（大写）	贰仟伍佰元整	千	百	十	万	千	百	十	元	角	分
					￥	2	5	0	0	0	0

用途：

上列款项请从
我账户支付
出票人签章　　军张印田　　复核　　记账

本支票付款期限十天

职工生活困难补助费发放表

2013 年 12 月 5 日

姓名	补助金额	领款人签章	备注
赵江	500.00	赵江	销售部
李红	500.00	李红	销售部
孙世亮	500.00	孙世亮	销售部
宋兰	500.00	宋兰	销售部
杨原	500.00	杨原	销售部
合计	2 500.00	—	—

人民币
（大写）　　　　　　　　　　　　　　　　　¥2 500.00

制表人：×××	财务经理：李 营	总经理：杨 天

业务 15

上海证券中央登记清算公司

买

日期：2013 年 12 月 6 日

成交过户交割凭单

股东编号：128475	成交证券：天天股份
电脑编号：74537	成交数量：20 000
公司编号：×××	成交价格：12.00
申请编号：234	成交金额：240 000.00
申报时间：10：45	标准佣金：1 000.00
成交时间：10：55	过户费用：200.00
上次余额：0	印花税：1 000.00
本次成交：20 000（股）	应付金额：242 200.00
本次余额：20 000（股）	附加费用：800.00
本次库存：20 000（股）	实付金额：243 000.00

③ 通知联

经办单位：银河证券公司××营业部　　　　　　客户签章：广东省南华股份有限公司

注：公司将其划分为交易性金融资产。

159

业务 16

产品出库单

客户名称：深圳飞跃有限责任公司　　　2013 年 12 月 6 日　　　编号：×××

名称	规格	计量单位	出库数量	单位成本	总成本	备注	②
乙产品	P02	个	8 000			销售	会计记账联
合　计							

财务：×× ×	仓库主管：×× ×	仓库管理员：孙　力	经办人：×× ×

×××××× 　　　　　# 广东增值税专用发票　　　　No×××××××

此联不作报销、扣税凭证使用

开票日期：2013 年 12 月 6 日

购货单位	名　　称：深圳飞跃有限责任公司 纳税人识别号：440305416486465 地址、电话：深圳市深南大道 303 号　0755-87204403 开户行及账号：工商银行黄冈支行　77894333	密码区	70359<*8293+8*582 8394<<79483*73864 8792++879-4722-54 <<6849<>*6743	加密版本：01 3400044792 02168931

货物或应税 劳务名称	规格 型号	单位	数量	单价	金额	税率	税额
乙产品	P02	个	8 000	100.00	800 000.0	17%	136 000.00
合　　计							

价税合计（大写）		（小写）￥936 000.00

销货单位	名　　称：广东省南华股份有限公司 纳税人识别号：440109845689784 地址、电话：广州市沙太南路 113 号　020-87204089 开户行及账号：工行天河北支行　11475086	备注	

收款人：×××	复核：×××	开票人：刘　飞	销货单位：(章)

第三联：记账联　销货方记账凭证

货物运输业增值税专用发票

发票联

开票日期：2013 年 12 月 6 日

No×××××××

第三联 发票联 购货方记账凭证

承运人及纳税人识别号	广州市天天运输公司 ××××××××××××	密码区	××××××××××××××××
实际受票方及纳税人识别号	广东省南华股份有限公司 +440109845689784		××××××××××××××××

收货人及纳税人识别号	广东省南华股份有限公司 +440109845689784	发货人及纳税人识别号	广东省南华股份有限公司 44109845689784

发起地、经由、到达地	××××××××××××××××××××

费用明细及金额	费用项目 金额 费用项目 金额 乙产品运费 1144	运输货物信息	

合计金额	1144	税率	11%	税额	141.39	机器编号	
价税合计（大写）	⊗			（小写）1285.39			
车种号码	××	车船吨位	××	备注			
主管税务机关及代码	××××××						

收款人：李文国　　　复核人：张健　　　开票人：廖永丰　　　承运人（章）：

中国工商银行支票存根 IV V286025	中国工商银行 支票 IV V286025

附加信息

出票日期（大写） 贰零壹叁年壹拾贰月零陆日　付款行名称：××××

收款人：广州市天天运输公司　　出票人账号：××××

出票日期 2013 年 12 月 6 日

人民币（大写）	仟	百	十	万	千	百	十	元	角	分
				¥	1	2	8	5	3	9

收款人：广州市天天运输公司

金　额：¥1 285.39

用　途：付运费及装卸费

用途 付运费

上列款项请从我账户支付

出票人签章　　　复核　　　记账

本支票付款期限十天

单位主管　　会计

163

中国工商银行
银行汇票　2

付款期限
壹个月

出票日期（大写）	贰零壹叁年壹拾贰月零壹日	代理付款行：工行南京路支行
		行号：××××

收款人：广东省南华股份有限公司　　　　账号：11475086

出票金额　人民币（大写）　玖拾肆万元整

实际结算金额 人民币（大写） 玖拾叁万陆仟元整	千	百	十	万	千	百	十	元	角	分
		¥	9	3	6	0	0	0	0	0

汇款人：深圳飞跃有限责任公司　　账号或地址：77894333
出票行：黄冈支行　　　　　　　　行号：×××
汇款用途：购乙产品
备　注：
出票行签章　　　　　　　　年　月　日

密押								
多余金额								
十	万	千	百	十	元	角	分	
	¥	4	0	0	0	0	0	复核　　记账

XI 04882356

中国工商银行
银行汇票（解讫通知）3

付款期限
壹个月

出票日期（大写）	贰零壹叁年壹拾贰月零壹日	代理付款行：工行南京路支行
		行号：××××

收款人：广东省南华股份有限公司　　　　账号：11475086

出票金额　人民币（大写）　玖拾肆万元整

实际结算金额 人民币（大写） 玖拾叁万陆仟元整	千	百	十	万	千	百	十	元	角	分
		¥	9	3	6	0	0	0	0	0

汇款人：深圳飞跃有限责任公司　　账号或地址：77894333
出票行：黄冈支行　　　　　　　　行号：×××
汇款用途：购乙产品
备　注：
兑付行签章　　　　复核　　　经办

密押								
多余金额								
十	万	千	百	十	元	角	分	
	¥	4	0	0	0	0	0	复核　　记账

中国工商银行　进账单(收账通知) 3

2013 年 12 月 6 日

付款人	全　称	深圳飞跃有限责任公司	收款人	全　称	广东省南华股份有限公司
	账　号	77894333		账　号	11475086
	开户银行	工行深圳黄冈支行		开户银行	工行广州天河北支行

金额	人民币（大写）		千	百	十	万	千	百	十	元	角	分
		￥		9	3	6	0	0	0	0	0	0

票据种类	银行汇票	票据张数	壹张	备注：
票据号码	XI 04882356			

中国工商银行广州
天河北支行
2013.12.6
转
收款人开户银行签章

复核　　记账

业务 17

广东增值税专用发票

×××××× 　　　　　　　　　　　　　　　　　　　　Nо×××××××

广　东
发票监制章

开票日期：2013 年 12 月 7 日

购货单位	名　称：广东省南华股份有限公司	密码区	70359<*8263+8*580
	纳税人识别号：440109845689784		8394<<79483*73804 加密版本：01
	地址、电话：广州市沙太南路 113 号 020-87204089		8792++879-4792-54 3400044792
	开户行及账号：工行天河北支行　11475086		<<6849<>*6742 02168938

货物或应税劳务名称	规格型号	单位	数量	单价	金额	税率	税额
A	H01	千克	1 200	10.00	12 000.00	17%	2 040.00
合　　计					￥ 12 000.00		￥ 2 040.00

价税合计（大写）		（小写）￥ 14 040.00

销货单位	名　称：广州宏远有限责任公司	备注	
	纳税人识别号：440102358600545		广州宏远有限责任公司
	地址、电话：广州市中山中路 505 号 020-87204088		440102358600545
	开户行及账号：工商银行东风支行　65432123		发票专用章

收款人：×××　　　　复核：×××　　　　开票人：孙　汉　　　　销货单位：(章)

167

收 料 单

发票编号：××

供货单位：广州宏远有限责任公司　　　　2013 年 12 月 7 日　　　　收料仓库：第一仓库

名称	规格型号	单位	数量		实际成本				计划成本		
			应收	实收	单价	金额	运杂费	合计	单位成本	金额	②交会计
A	H01	千克	1 200	1 200							
备注		无损耗				差 异					

主管：×××　　　记账：×××　　　仓库保管：严 实　　　经办人：×××

注：上月暂估入账材料到，款未付。

业务 18

开具红字增值税专用发票申请单

No××××

销售方	名　称	上海飞环有限责任公司	购买方	名　称	广东省南华股份有限公司
	税务登记代码	310109325539784		税务登记代码	440109845689784

开具红字发票内容	货物（劳务）名称	单价	数量	金额	税额
	D	5.00	2 000	10 000.00	1 700.00
	合计	—	—	¥10 000.00	¥1 700.00

说明	对应蓝字专用发票抵扣增值税销项税额情况 已抵扣 ☑ 未抵扣 ☐ 　　纳税人识别号认证不符☐ 　　专用发票代码、号码认证不符☐ 　　对应蓝字专用发票密码区内打印代码：××××××× 　　　　　　　　号码：××××××××× 开具红字专用发票理由：商品质量存在问题，销售退货

申明：我单位提供的《申请单》内容真实，否则我单位将承担相关法律责任。

购买方经办人：×××　　　购买方名称（印章）

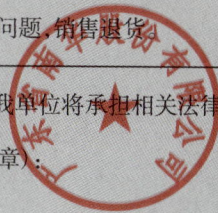

2013 年 12 月 7 日

169

开具红字增值税专用发票通知单

填开日期：*2013 年 12 月 7 日*   N_o××××

销售方	名　　称	*上海飞环有限责任公司*	购买方	名　　称	*广东省南华股份有限公司*
	税务登记代码	310109325539784		税务登记代码	440109845689784

开具红字发票内容	货物（劳务）名称	单价	数量	金额	税额
	D	5.00	2 000	10 000.00	1 700.00
	合计	—	—	¥10 000.00	¥1 700.00

说明	需要作进项税额转出 ☑ 不需要作进项税额转出 □ 　　纳税人识别号认证不符□ 　　专用发票代码、号码认证不符□ 　　对应蓝字专用发票密码区内打印代码：××××××× 　　　　　　　号码：××××××× 开具红字专用发票理由：商品质量存在问题，销售退货。

经办人：×××　　　　负责人：×××　　　　主管税务机关名称(印章)

领　料　单

领料部门：采购部门　　　　　　　*2013 年 12 月 7 日*　　　　　　编号：××

材料编号	材料名称	规格	单位	请领数量	实发数量	计划价格	
						单价	金额
1514	D材料	H04	千克	2 000	2 000	5.00	10 000.00

用途	质量问题，退货	领料部门		发料部门	
		负责人	领料人	核准人	发料人
		×××	×××	×××	严实

②交会计

××××× 上海增值税专用发票 No××××××

销项负数

开票日期：2013 年 12 月 7 日

购货单位	名　　称：广东省南华股份有限公司			密码区	70359<*8263+8*582 8394<<79483*73864 8792++879-4792-54 <<6849<>*6943		加密版本：01 3400044792 02168932
	纳税人识别号：440109845689784						
	地址、电话：广州市沙太南路 113 号　020-87204089						
	开户行及账号：工行天河北支行　11475086						

货物或应税劳务名称	规格型号	单位	数量	单价	金额	税率	税额
D	H04	千克	2 000	5.00	10 000.00	17%	1 700.00
合　　计					¥ 10 000.00		¥ 1 700.00

价税合计（大写）		（小写）¥ 11 700.00

销货单位	名　　称：上海飞环有限责任公司	备注	
	纳税人识别号：310109325539784		
	地址、电话：上海市南京路 188 号　021-68795445		
	开户行及账号：工行南京路支行　78965413		

收款人：×××　　　复核：×××　　　开票人：林　文　　　销货单位：（章）

第二联：发票联　购货方记账凭证

中国工商银行　进账单（收账通知）　3

2013 年 12 月 7 日

付款人	全　称	上海飞环有限责任公司	收款人	全　称	广东省南华股份有限公司								
	账　号	78965413		账　号	11475086								
	开户银行	工行上海南京路支行		开户银行	工行广州天河北支行								

金额	人民币（大写）		千	百	十	万	千	百	十	元	角	分
				¥	1	1	7	0	0	0	0	0

票据种类	银行汇票	票据张数	壹张	备注：	中国工商银行广州 天河北支行 2013.12.7 转讫 收款人开户银行签章
票据号码	×××××××××				

复核　　记账

此联是收款人开户银行给收款人的收账通知

173

业务 19

<table>
<tr><td colspan="7" align="center">广东增值税普通发票</td></tr>
<tr><td>××××××</td><td colspan="5" align="center"></td><td>No××××××</td></tr>
<tr><td colspan="7" align="right">开票日期：2013 年 12 月 7 日</td></tr>
</table>

购货单位	名 称：广东省南华股份有限公司 纳税人识别号：440109845689784 地 址、电 话：广州市沙太南路 113 号 020-87204089 开户行及账号：工行天河北支行 11475086	密码区	70359<*8263+8*580 8394<<79483*73804 8792++879-4792-54 <<6849<>*6742	加密版本：01 3400044798 02168932

货物或应税劳务名称	规格型号	单位	数量	单价	金额	税率	税额
G 材料	H07	吨	80	435.897 435 9	34 871.79	17%	5 928.21
合 计							

价税合计（大写）					（小写）￥40 800.00

销货单位	名 称：深圳南方有限责任公司 纳税人识别号：440305411234567 地 址、电 话：深圳市深南大道 286 号 0755-87204009 开户行及账号：工商银行黄冈支行 88956613	备注	

收款人：××× 复核：××× 开票人：赵汉 销货单位：(章)

第二联：发票联 购货方记账凭证

深圳市地方税务局通用机打发票

发 票 联

发票代码 ×××××××
发票号码 ×××××××
验证码 ×××××××

开票日期：2013 年 12 月 6 日 行业分类：服务业

机打发票代码：×××××××××

付款方编号：×××× 收款方编号：××××
付款方名称：广东省南华股份有限公司 收款方名称：深圳市云海有限公司

收款项目 收款金额
装卸费 800.00

金额大写：捌佰元整
备注：

开票人：×××

第一联 发票联（手写无效）

注：不可抵扣进项税额。

175

收 料 单

供货单位：深圳南方有限责任公司　　　　　　　　　　　　　凭证编号：××

发票编号：×××××××　　　　　　2013 年 12 月 7 日　　　　收料仓库：第一仓库

名称	规格型号	单位	数量		实际成本				计划成本	
			应收	实收	单价	金额	运杂费	合计	单位成本	金额
G 材料			80	78	510.00	39 780.00	780.00	40 560.00	480.00	37 440.00
备注	短缺 2 吨，是由运输单位造成的。					差 异		3 120.00		

主管：×××　　　　记账：×××　　　　仓库保管：严 实　　　　经办人：×××

②交会计

材料损耗报告单

2013 年 12 月 7 日　　　　　　　　　　金额单位：元

类别	名称	单位	损耗数量	单价	金额	损耗原因	处理意见
原材料	G 材料	吨	2	510.00	1 020.00	装卸过程丢失	由云海公司赔偿
合计	—	—	2	—	1 020.00		—

会计主管：×××　　　　　　　　　　　　制表：×××

赔偿请求单

2013 年 12 月 7 日

赔偿单位：深圳市云海有限责任公司　　　　　　　　　　　　金额单位：元

货物名称	G 材料	责任单位	深圳市云海有限责任公司	票据编号	××	数量	80 吨
金额	40 800.00	运杂费	800.00	实际数量		78 吨	
丢失货物	G 材料	损失数量	2 吨	要求赔偿货款		1 040.00 元（买价 1 020.00，分摊费用 20.00）	
损失原因	由于货物在装卸过程中管理不善，被盗所致，要求赔偿。						

会计主管：×××　　　　　　　　　　　　制单：×××

中国工商银行　电汇凭证(回单)　1

委托日期　2013年 12月 7日　　　　　　第××号

付款人	全　称	广东省南华股份有限公司	收款人	全　称	深圳南方有限责任公司
	账　号	11475086		账　号	88956613
	汇出地点	广东省广州市/县		汇入地点	广东省深圳市/县
汇出行名称		工行天河北支行	汇入行名称		工商银行黄冈支行

金额	人民币(大写)		亿	千	百	十	万	千	百	十	元	角	分
						¥	4	0	8	0	0	0	0

汇款用途：G材料货款　　　支付密码　　　　　(略)

上列款项请在本人的账户内支付，并附加信息及用途，按照汇兑结算规定汇给收款人。

中国工商银行广州
天河北支行
2013.12.7
转讫

汇出行签章　　　　　　　复核　　　记账

中国工商银行　　　　　　　　　　收费凭证

INDUSTRIAL AND COMMERCIAL BANK OF CHINA

2013年 12月 7日

付款人名称	广东省南华股份有限公司			付款人账号							11475086		
服务项目(凭证种类)	数量	工本费	手续费	小计							上述款项请从我账户中支付。		
				十	万	千	百	十	元	角	分		
电汇手续费	1						¥	1	5	0	0		
收费凭条	1						¥		5	6	0	中国工商银行广州天河北支行 2013.12.7 转讫	
合计						¥	2	0	6	0			
币种(人民币)												(印章)	
以下在购买凭证时填写													
领购人姓名	刘飞			领购人证件类型						身份证				
				领购人证件号码						××××××××××××××××				

事后监督：×××　　　　　　记账：×××

中国工商银行　电汇凭证(回单)　1

委托日期　2013年12月7日　　　　　　　　第××号

<table>
<tr><td rowspan="4">付款人</td><td>全　称</td><td>广东省南华股份有限公司</td><td rowspan="4">收款人</td><td>全　称</td><td colspan="9">深圳市云海有限责任公司</td></tr>
<tr><td>账　号</td><td>11475086</td><td>账　号</td><td colspan="9">×××××××</td></tr>
<tr><td>汇出地点</td><td>广东省 广州 市 / 县</td><td>汇入地点</td><td colspan="9">广东省 深圳 市 / 县</td></tr>
<tr><td>汇出行名称</td><td>工行天河北支行</td><td>汇入行名称</td><td colspan="9">建设银行×× 支行</td></tr>
<tr><td rowspan="2">金额</td><td>人民币</td><td rowspan="2"></td><td>亿</td><td>千</td><td>百</td><td>十</td><td>万</td><td>千</td><td>百</td><td>十</td><td>元</td><td>角</td><td>分</td></tr>
<tr><td>(大写)</td><td></td><td></td><td></td><td></td><td></td><td>¥</td><td>8</td><td>0</td><td>0</td><td>0</td><td>0</td></tr>
</table>

汇款用途：G 材料运费　　　　支付密码　　　　　　　　(略)

上列款项请在本人的账户内支付，并附加信息及用途，按照汇兑结算规定汇给收款人。

中国工商银行广州
天河北支行
2013.12.7
转讫

汇出行签章　　　　　　　复核　　　记账

此联是汇出行给汇款人的回单

中国工商银行　　　　　　　　　　收费凭证

INDUSTRIAL AND COMMERCIAL BANK OF CHINA

2013年 12月 7日

<table>
<tr><td colspan="4">付款人名称</td><td colspan="3">广东省南华股份有限公司</td><td colspan="8">付款人账号</td><td colspan="3">11475086</td></tr>
<tr><td rowspan="2">服务项目
(凭证种类)</td><td rowspan="2">数量</td><td rowspan="2">工本费</td><td rowspan="2">手续费</td><td colspan="11">小计</td><td rowspan="2">上述款项请从我账户中支付。</td></tr>
<tr><td>十</td><td>万</td><td>千</td><td>百</td><td>十</td><td>元</td><td>角</td><td>分</td></tr>
<tr><td>电汇手续费</td><td>1</td><td></td><td></td><td></td><td></td><td></td><td></td><td>¥</td><td>7</td><td>5</td><td>0</td><td rowspan="6">中国工商银行广州
天河北支行
2013.12.7
转讫</td></tr>
<tr><td>收费凭条</td><td>1</td><td></td><td></td><td></td><td></td><td></td><td></td><td>¥</td><td>5</td><td>6</td><td>0</td></tr>
<tr><td></td><td></td><td></td><td></td><td></td><td></td><td></td><td></td><td></td><td></td><td></td><td></td></tr>
<tr><td></td><td></td><td></td><td></td><td></td><td></td><td></td><td></td><td></td><td></td><td></td><td></td></tr>
<tr><td>合计</td><td></td><td></td><td></td><td></td><td></td><td></td><td></td><td>¥</td><td>1</td><td>3</td><td>1</td><td>0</td></tr>
<tr><td>币种
(人民币)</td><td></td><td></td><td></td><td></td><td></td><td></td><td></td><td></td><td></td><td></td><td></td><td>(印章)</td></tr>
</table>

以下在购买凭证时填写

<table>
<tr><td rowspan="2">领购人姓名</td><td rowspan="2">刘 飞</td><td>领购人证件类型</td><td>身份证</td></tr>
<tr><td>领购人证件号码</td><td>××××××××××××××××××</td></tr>
</table>

事后监督：×××　　　　　　　　记账：×××

记账联附件

收　据

265849745

2013 年 12 月 7 日

交款单位：深圳市云海有限责任公司　　　交款人：章京

人民币（大写）：＿＿＿＿＿＿＿＿＿＿＿　　¥ 1 040.00

事由：装卸过程对货物保管不当造成货物被盗的赔款。

单位盖章	会计： ×××	出纳： 刘 飞	收款人： 刘 飞

②记账联

业务 20

中华人民共和国
税收通用缴款书

地

隶属关系：　　　　　　　　　　　　　　　（2008-1）粤地××××号

注册类型：股份有限公司　　填发日期 2013 年 12 月 9 日　　征收机关：广州市天河区地方税务局

第一联：（收据）国库（经收处）收款盖章后退给纳税人缴款单位作完税凭证

无银行收讫章无效

缴款单位（人）	代　码	××××××××	预算科目	编码	××××××××
	全　称	广东省南华股份有限公司		名称	印花税
	开户银行	工行天河北支行		级次	××××××××
	账　号	11475086		收缴国库	××××××××

税款所属时期	税款限缴日期 2011 年 12 月 ×× 日

品　目 名　称	课税 数量	计税金额 或销售收入	税率或 单位税额	已缴或 扣除额	实缴金额
购销合同		5 004 000.00	0.05%		¥2 502.00

| 金额合计　（大写） | | | | | ¥2 502.00 |

缴款单位（人） （盖章） 经办人（章）	税务机关 （盖章） 填票人（章）	上列款项已收妥并划转收款单位账户 国库（银行）盖章	备注	计划征收科 第 1 张　共 1 张 前台申报

中国工商银行广州
天河支行
2013. 12. 9
业务清讫

征税专用章

逾期不缴按税法规定加收滞纳金。

183

中国工商银行支票存根	中国工商银行　支票	IV V286026

中国工商银行支票存根

IV V286026

附加信息

_____

_____

_____

出票日期 2013 年 12 月 9 日

收款人：广州市××区地税局

金　额：￥2 502.00

用　途：购印花税票

单位主管	会计

中国工商银行　支票　　　IV V286026

出票日期（大写）贰零壹叁年壹拾贰月零玖日　付款行名称：××××

收款人：广州市××区地税局　　　　　　　出票人账号：××××

本支票付款期限十天

人民币（大写）	贰仟伍佰零贰元整	千	百	十	万	千	百	十	元	角	分
					￥	2	5	0	2	0	0

用途 购印花税票

上列款项请从

我账户支付

出票人签章　　　　复核　　　　记账

业务 21

中国工商银行　　　**广东省××营业部**　　　**广州市电子缴税回单**

INDUSTRIAL AND COMMERCIAL BANK OF CHINA GUANGZHOU　　No×××××××××

日期：2013 年 12 月 9 日　　　　　　清算日期：2013 年 12 月 10 日

	全称	广东省南华股份有限公司		全称	广州地方税务局天河区征收分局										
付款人	账号	11475086	收款人	账号	××××××××										
	开户银行	工行广州天河北支行		开户银行	中国国家金库广州市天河区支库										

金额	人民币（大写）			千	百	十	万	千	百	十	元	角	分
					￥	4	7	1	4	7	0	4	1

内容	扣缴国税	电子税号	××××××	纳税人编码	××××××	纳税人名称	广东省南华股份有限公司

税种	所属期	纳税金额	备注	税种	所属期	纳税金额	备注
增值税	131101—131130	371 470.41					
消费税	131101—131130	100 000.00					
附言							

工行网站：www.icbc.com.cn　　　　　　　　打印日期：2013 年 12 月 10 日

服务热线：95588

中国工商银行 广东省××营业部 广州市电子缴税回单

INDUSTRIAL AND COMMERCIAL BANK OF CHINA GUANGZHOU　No××××××××××

日期：2013年12月9日　　　　　　　　　清算日期：2013年12月10日

付款人	全称	广东省南华股份有限公司	收款人	全称	广州地方税务局天河区征收分局
	账号	11475086		账号	××××××××
	开户银行	工行广州天河北支行		开户银行	中国国家金库广州市天河区支库

金额	人民币 （大写）		千	百	十	万	千	百	十	元	角	分

内容	扣缴地税	电子税号 ××××××	纳税人编码 ××××××	纳税人名称	广东省南华股份有限公司

税种	所属期	纳税金额	备注	税种	所属期	纳税金额	备注
个人所得税	131101—131130	78 362.00					
城建税	131101—131130	33 002.93					
教育费附加	131101—131130	14 144.11					
地方教育费附加	131101—131130	9 429.41					
附言							

工行网站：www.icbc.com.cn　　　　　　　　打印日期：2013年12月10日
服务热线：95588

业务 22

关于核销坏账的请示

公司领导：

　　因为东方公司经营不善，欠我公司伍万元整（¥50 000.00元）购货款，已确认无望收回，请批准转作坏账损失处理。

　　经研究决定，同意财务处意见。

总经理签章：杨天
2013年12月11日

业务 23

电话卡领用表

2013年12月11日

领用车间和部门	领用数量	金额（元）	领用人
第一车间	5	150.00	×××
第二车间	5	150.00	×××
供热车间	5	150.00	×××
供气车间	5	150.00	×××
销售部门	10	300.00	×××
公司管理部门	10	300.00	×××
合计	40	1 200.00	×××

制表：×××	记账：×××	复核：×××

广东省电信公司广州分公司电信业务专用发票

中国电信 CHINA TELECOM

发票联

现金付讫

发票代码：2440606410×××
发票号码：0216441××××

客户名称：广东省南华股份有限公司
开户银行：中国工商银行广州天河北支行
计费周期：×××

客户代码：×××××
银行账号：11475086
2013 年 12 月 11 日填开

项 目	金 额	项 目	金 额	项 目	金 额
200 卡	1 200.00				
大写金额	壹仟贰佰元整			小写金额	￥1 200.00

收款员：2021

收款单位（盖章）：

业务 24

上海证券中央登记清算公司

2013 年 12 月 12 日

卖

成交过户交割凭单

股东编号：××××××	成交证券：东山股份
电脑编号：×××××	成交数量：10 000
公司编号：×××	成交价格：11.00
申请编号：×××	成交金额：110 000.00
申报时间：14:45	标准佣金：700.00
成交时间：14:55	过户费用：180.00
上次余额：20 000（股）	印花税：90.00
本次成交：10 000（股）	应收金额：109 030.00
本次余额：10 000（股）	附加费用：400.00
本次库存：10 000（股）	实收金额：108 630.00

③ 通知联

经办单位：银河证券公司××营业部

客户签章：广东省南华股份有限公司

注：公司将其划分为交易性金融资产；出售了所持东山股份一半。

189

业务 25

广东省广州市国家税务局通用机打发票

发票代码××××

发票号码××××

开票日期：2013 年 12 月 12 日　　　　行业分类：商业

客户名称：广东省南华股份有限公司

客户地址：广州市天河区沙太南路 113 号

项目	单位	数量	单价	金额
纸杯	个	1 000	0.50	500.00
礼品	支	5	200.00	1 000.00

合计：壹仟伍佰元整

¥1 500.00

开票人：×××　　　　收款人：×××　　　　开票单位(盖章)：

第一联 发票联（购货单位付款凭证）（手开无效）

业务 26

库存现金盘点报告单

账面金额	实际库存金额	长款	短款	原因
1 250.00	1 170.00		80.00	多付款
盘点人	×××	×××	盘点时间	2013/12/13
处理意见	出纳个人赔偿			

出纳：刘 飞　　　　会计：×××　　　　财务主管：李 营

收 据

265849898

现金收讫

2013 年 12 月 13 日

交款单位：财务部门　　　　　　　　　　　　交款人：刘 飞

人民币（大写）：　　　　　　　　　　　　　¥ 80.00

事由：现金短款

单位盖章	会计：×××	出纳：刘 飞	收款人：刘 飞

业务 27

××××××　　　　**上海增值税专用发票**　　　　No××××××

发票联

开票日期：2013 年 12 月 14 日

购货单位	名　　称：广东省南华股份有限公司					密码区	70359<*8263+8*502	加密版本：01
	纳税人识别号：440109845689784						8394<<79483*73864	3400044792
	地址、电话：广州市沙太南路 113 号　020-87204089						8792++879-4792-54	02168931
	开户行及账号：工行天河北支行　11475086						<<6849<>*6745	

货物或应税劳务名称	规格型号	单位	数量	单价	金额	税率	税额
B 材料	H02	千克	30 000	18.00	540 000.00	17%	91 800.00
C 材料	H03	千克	20 000	16.00	320 000.00	17%	54 400.00
合　计					¥ 860 000.00		¥ 146 200.00

价税合计（大写）	（小写）¥ 1 006 200.00

销货单位	名　　称：上海飞环有限责任公司	备注	款项已付。
	纳税人识别号：310109325539784		上海飞环有限责任公司
	地址、电话：上海市南京路 188 号　021-68795445		310109325539784
	开户行及账号：工行南京路支行　78965413		发票专用章

收款人：×××　　　　复核：×××　　　　开票人：林 文　　　　销货单位：（章）

第二联：发票联　购货方记账凭证

材料运杂费分摊表

2013 年 12 月 14 日

材料名称	分配标准(重量:千克)	分配率	分配额	备注
B 材料	29 700			
C 材料	19 800			
合　计	49 500			

注：分配率计算结果精确到小数点后 3 位，分配额保留小数点后 2 位，尾差由 C 材料负担。

收 料 单

客户名称：上海飞环有限责任公司 　　　　　　　　凭证编号：××

发票编号：×××× 　　　　2013 年 12 月 14 日　　　　收料仓库：第一仓库

名称	规格型号	单位	数量		实际成本				计划成本		②交会计
			应收	实收	单价	金额	运杂费	合计	单位成本	金额	
B 材料	H02	千克	30 000	29 700							
备注	合理损耗，定额损耗 1%					差 异					

主管：×××　　　　记账：×××　　　　仓库保管：×××　　　　经办人：×××

收 料 单

客户名称：上海飞环有限责任公司 　　　　　　　　凭证编号：××

发票编号：×××× 　　　　2013 年 12 月 14 日　　　　收料仓库：第一仓库

名称	规格型号	单位	数量		实际成本				计划成本		②交会计
			应收	实收	单价	金额	运杂费	合计	单位成本	金额	
C 材料	H03	千克	20 000	19 800							
备注	合理损耗，定额损耗 1%					差 异					

主管：×××　　　　记账：×××　　　　仓库保管：×××　　　　经办人：×××

货物运输业增值税专用发票

××××××××
××××××××
×××××××× 　　　　　　　　　No×××××××
　　　　　　　　　　　　　　　　　　　开票日期：2013 年 12 月 14 日

承运人及纳税人识别号	广州市天天运输公司 ××××××××××××	密码区	×××××××××××××× ×××××××××××××× ×××××××××××××× ××××××××××××××	第三联 发票联 购货方记账凭证
实际受票方及纳税人识别号	广东省南华股份有限公司 +440109845689784			
收货人及纳税人识别号	广东省南华股份有限公司 +440109845689784	发货人及纳税人识别号	上海市快线运输公司 320609325539252	
发起地、经由、到达地	××××××××××××××××			
费用明细及金额	费用项目　金额　费用项目　金额 B、C 材料运费　2790	运运货物信息		
合计金额	2790	税率 11%	税额 344.83	机器编号
价税合计(大写)	⊗		(小写)3134.83	
车种号码	××	车船吨位 ××	备注	
主管税务机关及代码	×××××××			

收款人：刘已国　　　复核人：王芳芳　　　开票人：郑税丰　　　承运人（章）：

195

银行承兑汇票 (存根) 3

汇票号码：××××××

出票日期
（大写）　　　　年　　月　　日

付款人	全　称	广东省南华股份有限公司	收款人	全　称	上海飞环有限责任公司
	账　号	11475086		账　号	78965413
	开户银行	工行天河北支行		开户银行	工行南京路支行

汇票金额	人民币 （大写）		千	百	十	万	千	百	十	元	角	分
		¥	1	0	0	9	3	3	4	8	3

汇票到期日 （大写）	贰零壹肆年零贰月壹拾叁日	付款行	行号	××××××
承兑析疑编号	×××××××××××		地址	广州市天河区沙太南路××号

备注：购买 B、C 材料　　　　　　　复核　记账

此联出票人查存

业务 28

债务重组协议 （摘要）

甲方（债权人）：广东省南华股份有限公司

乙方（债务人）：胜利有限责任公司

　　2009 年 6 月乙方购买甲方产品欠货款 300 000.00 元，由于乙方企业调整、资金周转困难，货款至今未能支付。经过多次协商，达成新协议如下，乙方以 250 000.00 元清偿前欠甲方货款，其余部分不再归还甲方。

（其他略）

　　本协议自双方签订之日起生效。

甲方：广东省南华股份有限公司　　　　　　　　乙方：胜利有限责任公司

法定代表人：军张印田　　　　　　　　　　　　法定代表人：任宋印茂

2013 年 12 月 14 日　　　　　　　　　　　　　2013 年 12 月 14 日

注：公司对该项应收账款已按 0.5% 计提坏账准备。

中国工商银行 信汇凭证(收账通知) 4

委托日期 2013 年 12 月 14 日

<table>
<tr><td rowspan="4">汇款人</td><td>全　称</td><td>胜利有限责任公司</td><td rowspan="4">收款人</td><td>全　称</td><td colspan="12">广东省南华股份有限公司</td></tr>
<tr><td>账　号</td><td>78212556</td><td>账　号</td><td colspan="12">11475086</td></tr>
<tr><td>汇出地点</td><td>广东省 东莞 市/县</td><td>汇入地点</td><td colspan="12">广东省 广州 市/县</td></tr>
<tr><td>汇出行名称</td><td>工行×××支行</td><td>汇入行名称</td><td colspan="12">工行天河北支行</td></tr>
<tr><td rowspan="2">金额</td><td rowspan="2">人民币
(大写)</td><td rowspan="2" colspan="2"></td><td>亿</td><td>千</td><td>百</td><td>十</td><td>万</td><td>千</td><td>百</td><td>十</td><td>元</td><td>角</td><td>分</td></tr>
<tr><td></td><td></td><td>¥</td><td>2</td><td>5</td><td>0</td><td>0</td><td>0</td><td>0</td><td>0</td><td>0</td></tr>
<tr><td colspan="3">款项已汇入收款人账北支行</td><td colspan="3">支付密码</td><td colspan="9">略</td></tr>
<tr><td colspan="3">中国工商银行广州
2013.12.14
转
讫
汇款人签章</td><td colspan="12">附加信息及用途

复核　记账</td></tr>
</table>

此联是收款人开户银行给收款人的收账通知

业务 29

中国工商银行广州天河北支行批量代付成功清单

机构代码：×××　　机构名称：中国工商银行广州天河北支行　　入账日期：2013 年 12 月 14 日

账号	姓名	金额
3602201601000822451	张名	××
3602201601000822452	李温霞	××
3602201601000822453	陈翁	××
3602201601000822454	赵敏尔	××
3602201601000822455	吴地	××
3602201601000822456	胡晓	××
3602201601000822457	王肯	××
3602201601000822458	欧达华	××
3602201601000822459	袁余桑	××
3602201601000822460	孙国庆	××
…	…	…
合计	—	1 853 538.00

业务 30

周转材料领料单

领料部门：第二车间　　　　　　　　2013 年 12 月 15 日　　　　　　　　编号：××

材料编号	材料名称	规格	单位	请领数量	实发数量	实际价格	
						单价	金额
2601	工作服	GZ01	件	120	120	150.00	18 000.00

用途	劳动保护	领料部门		发料部门	
		负责人	领料人	核准人	发料人
		×××	×××	×××	严　实

周转材料领料单

领料部门：第一车间　　　　　　　　2013 年 12 月 15 日　　　　　　　　编号：××

材料编号	材料名称	规格	单位	请领数量	实发数量	实际价格	
						单价	金额
2602	专用工具	GZ02	把	50	50	30.00	1 500.00

用途	车间用	领料部门		发料部门	
		负责人	领料人	核准人	发料人
		×××	×××	×××	严　实

业务 31

广东省医疗机构门（急）诊住院收费收据

系列号：××××××

住院（科室）：×××

广东省
财政厅监制

2013 年 12 月 2 日

姓名	张千	□门诊 □急诊 ■住院		住院日期	2013-12-1	出院日期	2013-12-2
医保／公医记账		个人缴费			390.00	结算方式	现金
医药费	金额	诊查费	金额	治疗费	金额	其他	金额
西药费	250.00	化验	140.00				
已预收	260.00	补收	130.00	退款		欠费	¥390.00
合计人民币（大写）		万 仟 佰 拾 元 角 分					¥390.00
备注	1.医药费包括：西药、中成药以及中草药等。2.诊查费包括：化验、B超、X光、核磁共振以及PET等。3.治疗费包括：正畸、镶牙、输血、输氧、γ放射、化疗、手术以及材料。4.其他包括：床位费、护理费、特殊服务费、医学鉴证以及法医鉴定等。						

收费单位（盖章）：   审核员：×××   收费员：×××   广东省财政厅印制

注：张千为销售部门员工。

业务 32

广东省地方税务局通用机打发票

发票联

发票代码××××××

发票号码×××××

开票日期：2013 年 12 月 15 日

客户名称：广东省南华股份有限公司

客户地址：广州市天河区沙太南路113号

费用信息：

广告费

合　计：捌仟肆佰元整   ¥8 400.00

收款人：×××

广州市金碧广告公司
4401093255578787
发票专用章

¥8 400.00

中国工商银行　支票　　IV V286028

出票日期（大写）贰零壹叁年壹拾贰月壹拾伍日　　付款行名称：××××

收款人：广州市金碧广告公司　　　　　　　　　　出票人账号：××××

人民币（大写）	捌仟肆佰元整	千	百	十	万	千	百	十	元	角	分
					￥	8	4	0	0	0	0

用途　广告费

上列款项请从
我账户支付
出票人签章

复核　　　　记账

本支票付款期限十天

业务 33

领　料　单

领料部门：供热车间　　　　　　　2013 年 12 月 17 日　　　　　　　编号：××

材料编号	材料名称	规格	单位	请领数量	实发数量	计划价格	
						单价	金额
1513	C 材料	H03	千克	1 800	1 800	15.00	27 000.00

用途	辅助车间用	领料部门		发料部门	
		负责人	领料人	核准人	发料人
		×××	×××	×××	严实

②交会计

领　料　单

领料部门：第一车间　　　　　　　2013 年 12 月 17 日　　　　　　　编号：××

材料编号	材料名称	规格	单位	请领数量	实发数量	计划价格	
						单价	金额
1511	A 材料	H01	千克	50 000	50 000	11.00	550 000.00

用途	生产甲产品	领料部门		发料部门	
		负责人	领料人	核准人	发料人
		×××	×××	×××	严实

②交会计

领 料 单

领料部门：第一车间　　　　　2013 年 12 月 17 日　　　　　编号：××

材料编号	材料名称	规格	单位	请领数量	实发数量	计划价格	
						单价	金额
1515	E 材料	H05	千克	2 500	2 500	8.00	20 000.00
用途	生产甲产品	领料部门			发料部门		
		负责人	领料人	核准人		发料人	
		×××	×××	×××		严 实	

②交会计

领 料 单

领料部门：第二车间　　　　　2013 年 12 月 17 日　　　　　编号：××

材料编号	材料名称	规格	单位	请领数量	实发数量	计划价格	
						单价	金额
1512	B 材料	H02	千克	48 000	48 000	20.00	960 000.00
用途	生产乙产品	领料部门			发料部门		
		负责人	领料人	核准人		发料人	
		×××	×××	×××		严 实	

②交会计

领 料 单

领料部门：第二车间　　　　　2013 年 12 月 17 日　　　　　编号：××

材料编号	材料名称	规格	单位	请领数量	实发数量	计划价格	
						单价	金额
1512	B 材料	H02	千克	20 000	20 000	20.00	400 000.00
用途	生产丙产品	领料部门			发料部门		
		负责人	领料人	核准人		发料人	
		×××	×××	×××		严 实	

②交会计

业务 34

中国工商银行支票存根 IV V286029	

<table>
<tr><td colspan="2">中国工商银行支票存根
IV V286029</td><td colspan="2">中国工商银行　支票　　IV V286029</td></tr>
</table>

业务 34

中国工商银行支票存根
IV V286029

附加信息
_____
_____

出票日期 2013 年 12 月 17 日

收款人：广东省南华股份有
限公司

金　额：¥2 000.00

用　途：

单位主管　　　　会计

中国工商银行　支票　　IV V286029

出票日期（大写）　贰零壹叁年壹拾贰月壹拾柒日　付款行名称：××××

收款人：广东省南华股份有限公司　　　出票人账号：××××

人民币
（大写）　　贰仟元整　　　　　　　　　　　¥ 2 0 0 0 0 0

本支票付款期限十天

用途
上列款项请从
我账户支付
出票人签章　　　　　　　复核　　　　　记账

（广东省南华股份有限公司财务专用章）（军张印田）

业务 35

广东增值税专用发票

×××××× 　　　　　　　　　　　　　　　No××××××

开票日期：2013 年 12 月 18 日

<table>
<tr><td rowspan="4">购货单位</td><td>名　　　称：广东省南华股份有限公司</td><td rowspan="4">密码区</td><td>70359<*8263+8*552</td><td rowspan="4">加密版本：01
3400044792
02168936</td></tr>
<tr><td>纳税人识别号：440109845689784</td><td>8394<<79483*73864</td></tr>
<tr><td>地址、电话：广州市沙太南路 113 号　020-87204089</td><td>8792++879-4792-54</td></tr>
<tr><td>开户行及账号：工行天河北支行 1147508</td><td><<6849<>*6741</td></tr>
</table>

<table>
<tr><td>货物或应税
劳务名称</td><td>规格
型号</td><td>单位</td><td>数量</td><td>单价</td><td>金额</td><td>税率</td><td>税额</td></tr>
<tr><td>检测仪</td><td>JAC50</td><td>台</td><td>1</td><td>100 000.00</td><td>100 000.00</td><td>17%</td><td>17 000.00</td></tr>
<tr><td>合　计</td><td></td><td></td><td></td><td></td><td>¥100 000.00</td><td></td><td>¥17 000.00</td></tr>
</table>

价税合计（大写）　　　　　　　　　　　　　　（小写）¥117 000.00

<table>
<tr><td rowspan="4">销货单位</td><td>名　　　称：广州铸城机电公司</td><td rowspan="4">备注</td><td rowspan="4">（广州铸城机电公司
440101140498721
发票专用章）</td></tr>
<tr><td>纳税人识别号：440101140498721</td></tr>
<tr><td>地址、电话：锦绣路×××号　020-×××××</td></tr>
<tr><td>开户行及账号：工行××营业部 46008123</td></tr>
</table>

收款人：×××　　　复核：×××　　　开票人：伍　克　　　销货单位：（章）

注：设备需安装。

209

货物运输业增值税专用发票

第三联 发票联 购货方记账凭证

No ×××××××

开票日期：2013 年 12 月 18 日

承运人及纳税人识别号	广州市天天运输公司 ××××××××	密码区	××××××××××××× ××××××××××××× ××××××××××××× ×××××××××××××
实际受票方及纳税人识别号	广东省南华股份有限公司 440109845689784		
收货人及纳税人识别号	广东省南华股份有限公司 440109845689784	发货人及纳税人识别号	广州铸城机电公司 40101140498721

发起地、经由、到达地 ×××××××××××××××××××××

费用明细及金额	费用项目	金额	费用项目	金额	运输货物信息	
	检测仪运费	1930				

合计金额	1930	税率	11%	税额	238.54	机器编号	

价税合计（大写）⊗　　　　　　　　　　（小写）2168.54

车种号码	××	车船吨位	××	备注	
主管税务机关及代码	××××××				

收款人：李文国　　　复核人：张健　　　开票人：廖永丰　　　承运人（章）：

中国工商银行支票存根
IV V286031

附加信息

出票日期 2013 年 12 月 18 日

收款人：	广州铸城机电公司
金　额：	¥117 000.00
用　途：	购检测仪

单位主管　　　会计

中国工商银行　支票　IV V286031

出票日期（大写）　年　月　日　　付款行名称：××××

收款人：广州铸城机电公司　　　出票人账号：××××

人民币 （大写）	千	百	十	万	千	百	十	元	角	分

本支票付款期限十天

用途　购检测仪

上列款项请从我账户支付

出票人签章　　　复核　　　记账

中国工商银行支票存根

IV V286030

附加信息 _____

_____

_____

出票日期 2013 年 12 月 18 日

收款人:	广州市天天运输公司
金　额:	￥2 168.54
用　途:	付运费

单位主管　　　　　会计

中国工商银行　支票　IV V286030

出票日期（大写）　　年　月　日　　付款行名称：××××

收款人：广州市天天运输公司　　出票人账号：××××

人民币 （大写）		仟	佰	十	万	千	百	十	元	角	分

用途　付运费

上列款项请从

我账户支付

出票人签章　　　　复核　　　　记账

本支票付款期限十天

业务 36

广东增值税专用发票

××××××　　　　　　　　　　　　　　　　　　Noxxxxxx

此联不作报销 扣税凭证使用

开票日期：2013 年 12 月 19 日

购货单位	名　　称：	北京三亚有限责任公司	密码区	70359<*8263+8*580 8394<<79483*73814 8792++879-4792-54 <<6849<>*6745	加密版本：01 3400044888 02168932
	纳税人识别号：	110104123147258			
	地址、电话：	北京王府井大街 32 号　010-68935651			
	开户行及账号：	建行王府井支行　98765423			

货物或应税 劳务名称	规格 型号	单位	数量	单价	金额	税率	税额
甲产品	P01	个	8 000	150.00	1 200 000.00	17%	204 000.00
合　计					￥1 200 000.00		￥204 000.00

价税合计（大写）		（小写）￥1 404 000.00

销货单位	名　　称：	广东省南华股份有限公司	备注	
	纳税人识别号：	440109845689784		广东省南华股份有限公司 440109845689784 发票专用章
	地址、电话：	广州市沙太南路 113 号　020-87204089		
	开户行及账号：	工行天河北支行　11475086		

收款人：×××　　　复核：×××　　　开票人：刘 飞　　　销货单位：(章)

第三联：记账联　销货方记账凭证

产品出库单

客户名称：北京三亚有限责任公司　　2013 年 12 月 19 日　　　编号：×××

名称	规格	计量单位	出库数量	单位成本	总成本	备 注
甲产品	P01	个	8 000			
合　计						

财务：×××　　　仓库主管：×××　　　库管理员：孙 力　　　经办人：×××

② 会计记账联

213

中国工商银行　进账单(收账通知)　3

2013 年 12 月 19 日

付款人	全　称	北京三亚有限责任公司	收款人	全　称	广东省南华股份有限公司
	账　号	98765423		账　号	11475086
	开户银行	建行北京王府井支行		开户银行	工行广州天河北支行

金额	人民币（大写）		千	百	十	万	千	百	十	元	角	分
		¥	1	4	0	4	0	0	0	0	0	0

票据种类	银行汇票	票据张数	壹张
票据号码	×××××××		

备注：

中国工商银行广州
天河北支行
2013.12.19
转
收款人开户银行签章

复核　　　记账

业务 37

广东增值税专用发票

×××××× 　　　No××××××

此联不作报销、抵税凭证使用

开票日期：2013 年 12 月 19 日

购货单位	名　　称	深圳飞跃有限责任公司
	纳税人识别号	440305416486465
	地址、电话	深圳市深南大道 303 号　0755-87204403
	开户行及账号	工商银行黄冈支行　77894333

密码区：
70359<*8263+8*586
8394<<79483*73864
8792++879-4792-54
<<6849<>*6745

加密版本:01
3400044792
02168933

货物或应税劳务名称	规格型号	单位	数量	单价	金额	税率	税额
乙产品	P02	个	20 000	100.00	2 000 000.00	17%	340 000.00
合　计					¥ 2 000 000.00		¥ 340 000.00

价税合计（大写）		（小写）¥ 2 340 000.00

销货单位	名　　称	广东省南华股份有限公司
	纳税人识别号	440109845689784
	地址、电话	广州市沙太南路 113 号　020-87204089
	开户行及账号	工行天河北支行　11475086

备注：
广东省南华股份有限公司
440109845689784
发票专用章

第三联：记账联　销货方记账凭证

收款人：×××　　复核：×××　　开票人：刘 飞　　销货单位：(章)

产品出库单

客户名称：深圳飞跃有限责任公司　　　2013年12月19日　　　　　编号：×××

名称	规格	计量单位	出库数量	单位成本	总成本	备注
乙产品	P02	个	20 000			
合计						

财务：×××　　　仓库主管：×××　　　仓库管理员：孙 力　　　经办人：×××

中国工商银行　信汇凭证（收账通知）　4

委托日期　2013年12月19日

汇款人	全　称	深圳飞跃有限责任公司	收款人	全　称	广东省南华股份有限公司
	账　号	77894333		账　号	11475086
	汇出地点	广东省 深圳市/县		汇入地点	广东省 广州市/县
	汇出行名称	工行深圳黄冈支行		汇入行名称	工行广州天河北支行

金额	人民币（大写）		亿	千	百	十	万	千	百	十	元	角	分
				￥	2	3	4	0	0	0	0	0	0

中国工商银行广州天河北支行
2013.12.20
转讫

汇款用途：乙产品货款　　　支付密码　（略）

款项已经收入收款人账户。　　　　附加信息及用途：

汇款人签章　复核　　　　记账

业务38

领 料 单

领料部门：第二车间　　　2013年12月21日　　　　　编号：××

材料编号	材料名称	规格	单位	请领数量	实发数量	计划价格	
						单价	金额
1513	C材料	H03	千克	500	500	15.00	7 500.00

用途	生产丙产品	领料部门		发料部门	
		负责人	领料人	核准人	发料人
		×××	×××	×××	严 实

领 料 单

材料编号	材料名称	规格	单位	请领数量	实发数量	计划价格	
						单价	金额
1516	F 材料	H06	把	30	30	30.00	900.00
用途	生产甲产品	领料部门			发料部门		
		负责人	领料人	核准人		发料人	
		×××	×××	×××		严 实	

②交会计

领 料 单

领料部门：第二车间　　　　　　2013 年 12 月 21 日　　　　　　编号：××

材料编号	材料名称	规格	单位	请领数量	实发数量	计划价格	
						单价	金额
1517	G 材料	H07	吨	50	50	480.00	24 000.00
用途	生产丙产品	领料部门			发料部门		
		负责人	领料人	核准人		发料人	
		×××	×××	×××		严 实	

②交会计

领 料 单

领料部门：第二车间　　　　　　2013 年 12 月 21 日　　　　　　编号：××

材料编号	材料名称	规格	单位	请领数量	实发数量	计划价格	
						单价	金额
1515	E 材料	H05	个	600	600	8.00	4 800.00
用途	生产乙产品	领料部门			发料部门		
		负责人	领料人	核准人		发料人	
		×××	×××	×××		严 实	

②交会计

领 料 单

领料部门：第一车间　　　　　　2013 年 12 月 21 日　　　　　　编号：××

材料编号	材料名称	规格	单位	请领数量	实发数量	计划价格	
						单价	金额
1514	D 材料	H04	千克	500	500	5.00	2 500.00
用途	车间一般耗用	领料部门			发料部门		
		负责人	领料人	核准人		发料人	
		×××	×××	×××		严 实	

②交会计

业务 39

中国工商银行　　　广东省××营业部　　　广州市电子缴税回单

INDUSTRIAL AND COMMERCIAL BANK OF CHINA GUANGZHOU　　　No××××××××××

日期：2013 年 12 月 20 日　　　　　　　　　　　清算日期：2013 年 12 月 21 日

付款人	全称	广东省南华股份有限公司	收款人	全称	广州地方税务局天河区征收分局
	账号	11475086		账号	××××××××
	开户银行	工行广州天河北支行		开户银行	中国国家金库广州市天河区支库

金额	人民币 （大写）		千	百	十	万	千	百	十	元	角	分

内容	代扣缴 国税	电子税号 ××××××	纳税人编码 ××××××	纳税人名称	广东省南华股份有限公司

税种	所属期	纳税金额	备注	税种	所属期	纳税金额	备注
税务行政性收费	131201—131230	120.00	购发票				

附言	

银行回单专用章

工行网站：www.icbc.com.cn　　　　　　　　　　　打印日期：2013 年 12 月 21 日
服务热线：95588

注：购买增值税专用发票。

业务 40

广东省地方税务局通用机打发票

发票联

开票日期：2013 年 12 月 22 日　　　　　　　发票代码×××××
　　　　　　　　　　　　　　　　　　　　　发票号码×××××

客户名称：广东省南华股份有限公司
客户地址：广州市天河区沙太南路 113 号
费用信息：
安装费　　　　　　　　　　　　　　　　　　¥1 000.00

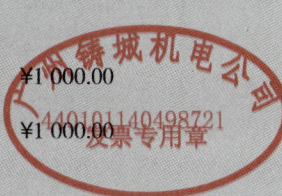

合　计：壹仟元整　　　　　　　　　　　　　¥1 000.00
收款人：×××

广州铸城机电公司
1440101140498721
发票专用章

第一联　发票联（手开无效）

中国工商银行支票存根

IV V286033

附加信息 _____

_____

_____

出票日期 2013 年 12 月 22 日

收款人：	广州铸城机电公司
金　额：	￥1 000.00
用　途：	检测仪安装费用

单位主管　　　会计

中国工商银行　支票

IV V286033

出票日期(大写)　**贰零壹叁**年**壹拾贰**月**贰拾贰**日　　付款行名称：×××

收款人：**广州铸城机电公司**　　　　　　出票人账号：×××

人民币 (大写)	千	百	十	万	千	百	十	元	角	分
			￥	1	0	0	0	0	0	

用途 **检测仪安装费用**

上列款项请从

我账户支付

出票人签章　　　　　　复核　　　　　记账

本支票付款期限十天

固定资产验收交接单

2013 年 12 月 22 日　　　　　　　　单位金额：元

资产 编号	资产 名称	型号 规格	计量 单位	数量	设备价值或 工程造价	设备基础及 安装费用	附加 费用	合计
××	检测仪	JAC50	台	1	101 930.00	1 000.00	0	102 930.00
制造日期及编号		××	使用年限		5	主要附属设备	1.无	
制造厂商		××	估计残值		3 930.00		2.无	
使用部门		第二车间	月折旧额		1 650.00		3.无	

交验部门主管 ×××　　点交人 ×××　　接管部门主管 ×××　　接管人 ×××

②交财务部门

业务 41

收　据

265849222

2013 年 12 月 23 日

今收到：**广东省南华股份有限公司**

人民币(大写)：　　　　　　　　　　　　　　￥1 000 000.00

事由：**投资款**

单位盖章　　会计 ×××　　　出纳 王　宁　　收款人 ×××

第二联：收据

223

投资合同 (摘要)

立合同单位:

投 资 方: 广东省南华股份有限公司

被投资方: 广州大众有限公司

为明确责任,恪守合同,特签订本合同,共同信守。

一、 投资方式: 货币资金

二、 投资金额: 壹佰万元整

三、 投资所占股份: 5%

四、 出资期限: 自二〇一三年十二月二十三日起至二〇一四年一月三十一日止

五、 违约责任: (略)

  (其他略)

合同的附件: (略)

本合同经各方签字后生效。

本合同正本一式两份,投资方、被投资方各执一份;合同副本 两 份,报送有关单位各留一份。

投资方 (公章)　　　　　　　　　　法人代表 (盖章)

广东省南华股份有限公司

被投资方 (公章)　　　　　　　　　　法人代表 (盖章)

广州大众有限公司

2013 年 12 月 23 日

中国工商银行支票存根

IV V286033

附加信息

_____

_____

_____

出票日期 2013 年 12 月 23 日

收款人: 广州大众有限公司

金 额: ￥1 000 000.00

用 途: 投资款

单位主管　　　会计

本支票付款期限十天

中国工商银行　支票　　IV V286033

出票日期(大写) 贰零壹叁年壹拾贰月贰拾叁日　　付款行名称: ×××

收款人: 广州大众有限公司　　　　　　　　出票人账号: ×××

人民币 (大写)			百	十	万	千	百	十	元	角	分
		￥	1	0	0	0	0	0	0	0	0

用途 投资款

上列款项请从

我账户支付

出票人签章　　　　　复核　　　　　记账

业务 42

贴现凭证 (收账通知) **4**

申请日期 2013 年 12 月 24 日　　　　　　　　No24896

<table>
<tr><td rowspan="3">贴现汇票</td><td>种类</td><td colspan="2">银行承兑汇票</td><td rowspan="3">申请人</td><td>全 称</td><td colspan="2">广东省南华股份有限公司</td><td rowspan="9">此联是银行给贴现申请人的收账通知</td></tr>
<tr><td>发票日</td><td colspan="2">2013 年 11 月 24 日</td><td>账 号</td><td colspan="2">11475086</td></tr>
<tr><td>到期日</td><td colspan="2">2014 年 2 月 24 日</td><td>开户银行</td><td colspan="2">工商银行广州天河北支行</td></tr>
<tr><td colspan="2">汇票承兑人
(或银行)名称</td><td>建行北京王府井支行</td><td>账号</td><td>×××××</td><td>开户
银行</td><td colspan="2">建行王府井支行</td></tr>
</table>

<table>
<tr><td rowspan="2">汇票金额
(即贴现金额)</td><td rowspan="2">人民币
(大写)</td><td>百</td><td>十</td><td>万</td><td>千</td><td>百</td><td>十</td><td>元</td><td>角</td><td>分</td></tr>
<tr><td></td><td>3</td><td>5</td><td>1</td><td>0</td><td>0</td><td>0</td><td>0</td><td>0</td></tr>
</table>

<table>
<tr><td rowspan="2">月贴
现率</td><td rowspan="2">0.70%</td><td rowspan="2">贴现
利息</td><td>十</td><td>万</td><td>千</td><td>百</td><td>十</td><td>元</td><td>角</td><td>分</td><td rowspan="2">实付贴
现金额</td><td>百</td><td>十</td><td>万</td><td>千</td><td>百</td><td>十</td><td>元</td><td>角</td><td>分</td></tr>
<tr><td>¥</td><td>4</td><td>9</td><td>1</td><td>4</td><td>0</td><td>0</td><td>0</td><td></td><td>3</td><td>4</td><td>6</td><td>0</td><td>8</td><td>6</td><td>0</td><td>0</td></tr>
</table>

上述款项已入你单位账户

　　此致

　敬礼

备注：贴现后，银行附追索权。

中国工商银行广州
天河北支行
2013.12.24
转讫

2013 年 12 月 24 日

注：为简化计算，按月计算贴现息。

业务 43

<table>
<tr><td colspan="2">中国工商银行支票存根
IV V286034</td><td colspan="2">中国工商银行　　支票　　IV V286034</td></tr>
<tr><td colspan="2">附加信息</td><td colspan="2">出票日期(大写) 贰零壹叁年壹拾贰月贰拾伍日　付款行名称：×××
收款人：广州金阳有限责任公司　　　　　　出票人账号：×××</td></tr>
</table>

<table>
<tr><td rowspan="7">本支票付款期限十天</td><td rowspan="2">人民币
(大写)</td><td>千</td><td>百</td><td>十</td><td>万</td><td>千</td><td>百</td><td>十</td><td>元</td><td>角</td><td>分</td></tr>
<tr><td></td><td></td><td></td><td>¥</td><td>1</td><td>2</td><td>3</td><td>0</td><td>0</td><td>0</td></tr>
</table>

出票日期 2013 年 12 月 25 日

收款人：	广州金阳有限责任公司
金　额：	¥123 000.00
用　途：	付货款

单位主管　　会计

用途　付货款

上列款项请从
我账户支付

出票人签章　　军张印田　　　复核　　　记账

广东省南华股份有限公司
财务专用章

227

业务 44

固定资产经营租赁合同 (摘要)

承租单位：广东省南华股份有限公司

出租单位：广州市天河租赁公司

一、租赁企业概况（略）

二、租赁期限共两年，自 2014 年 1 月 1 日起至 2015 年 12 月 31 日止，采用经营租赁方式。

三、租赁项目：生产线—丙（型号 AP1002，不需要安装），于 2014 年 1 月 1 日运到承租单位指定地点。

四、租金

　　1. 租金数额：合计 240 000.00 元（含手续费 5 000.00 元）。

　　2. 租金交付期限和交付办法：合同签订之日支付 120 000.00 元，余款在 2014 年 12 月 31 日支付。

五、担保：承租方提供下列财产作抵押：生产线—乙，折价 500 000.00 元。

六、双方的权利和义务

　　1. 出租方权利和义务：（略）

　　2. 承租方权利和义务：（略）

七、合同的变更和解除（略）

八、违约责任（略）

九、租赁期满后资产处理：返还资产。

十、争议的解决方式（略）

十一、本合同自签订时起生效。合同正本一式两份，出租方和承租方各执一份。

出租方：（公章）

法人代表（签章）：

承租方：（签章）

法人代表（签章）：

签约时间：2013 年 12 月 25 日

签约地点：广州市天河租赁公司

中国工商银行支票存根	
IV V286035	

附加信息

_____

_____

_____

出票日期 2013 年 12 月 25日

收款人：广州市天河租赁公司

金　额：¥120 000.00

用　途：付租赁费

单位主管　　会计

本支票付款期限十天

中国工商银行　支票　　IV V286035

出票日期(大写) 贰零壹叁年壹拾贰月贰拾伍日　　付款行名称：×××

收款人：广州市天河租赁公司　　出票人账号：×××

人民币(大写)	千	百	十	万	千	百	十	元	角	分
			¥	1	2	0	0	0	0	0

用途 付租赁费

上列款项请从

我账户支付

出票人签章　　复核　　记账

业务 45

广东信诚会计师事务所文件（摘要）

[2011] 字 第××号

------------------------------ ★ ------------------------------

资产评估报告书

一、委托方（资产受让方）：广东省南华股份有限公司

二、评估目的：为广东省南华股份有限公司资产产权受让提供价值参考依据。

三、价值类型：本次评估价值类型为市场价值。

四、评估基准日：2013 年 12 月 25 日

五、评估范围与对象：机器设备—丙一台进行评估。

六、评估方法：本次评估采用重置成本法评估。

七、评估结论：

　　于评估基准日 2013 年 12 月 25 日，机器设备—丙原始价值为 62 000.00 元，已提取折旧 16 000.00 元，按净值评估确定价值为 46 000.00 元（人民币肆万陆仟元整），估计残值 2 000.00 元，可使用年限为 5 年。（详见评估明细表）

八、报告有效使用期限：

　　本评估报告依照法律法规的规定发生法律效力，其评估结论有效使用期限自评估基准日起一年，即在 2013 年 12 月 25 日至 2014 年 12 月 24 日内有效。以上内容摘自资产评估报告书，欲了解本评估项目的全部情况，应认真阅读资产评估报告书全文。

……

广东信诚会计师事务所有限公司

　　中国·广州

法定代表人：

中国注册资产评估师：唐 肖

中国注册资产评估师：赵 林

二〇一三年十二月二十六日

固定资产验收交换单

2013 年 12 月 26 日

金额单位：元

资产编号	资产名称	型号规格	计量单位	数量	设备价值或工程造价	设备基础及安装费用	附加费用	合计
××	设备—丙	GSB003	台	1	46 000.00	0	0	46 000.00
制造日期及编号		××	使用年限		5	主要附属设备	1. 无	
制造厂商		××	估计残值		2 000.00		2. 无	
使用部门		供气部门	年折旧额		8 800.00		3. 无	

交验部门主管： ×××　　点交人： ×××　　接管部门主管： ×××　　接管人： ×××

231

投资协议书（摘要）

投 资 方：**广州东山实业有限公司**

被投资方：**广东省南华股份有限公司**

　　为明确责任，特签订本协议，共同信守。

　　今由投资方以设备丙（GSB003）一台，对广东省南华股份有限公司进行投资。该设备评估价值为46 000.00元，双方协商以评估价值认定投资额，占广东省南华股份有限公司××%的股份。广东省南华股份有限公司应按照投资方所占股份，根据董事会决议予以分配红利，同时，广州东山实业有限公司应按投资所占广东省南华股份有限公司比例承担相应的亏损。

　　（其他略）

　　本协议自签字起生效。

投资方	被投资方
单位名称（章）：广州东山实业有限公司	单位名称（章）：广东省南华股份有限公司
单位地址：广州市天河区××路××号	单位地址：广州市天河区沙太南路113号
法定代表人：吴大茂	法定代表人：张田军
电话：020-×××××	电话：020-87204089
开户银行：××××××	开户银行：中国工商银行广州天河北支行
账号：×××××××	账号：11475086
协议签订时间：2013年12月26日	协议签订时间：2013年12月26日

注：为简化，假设本次投资不产生资本公积。

广东省地方税务局通用机打发票

发票联

发票代码×××××

开票日期：2013年12月26日　　　　　　　　　　　　发票号码×××××

客户名称：广东省南华股份有限公司
客户地址：广州市天河区沙太南路113号
费用信息：
评估费用　　　　　　　　　　　　　　　　　　　　¥800.00

合　计：捌佰元整　　　　　　　　　　　　　　　　¥800.00
收款人：×××

第一联　发票联（手开无效）

233

中国工商银行支票存根
IV V286036

附加信息 _____

_____

_____

出票日期 2013 年 12 月 26 日

收款人：广东信诚会计师事务所有限公司

金　额：¥800.00

用　途：付评估费

单位主管　　会计

中国工商银行　支票　IV V286036

出票日期（大写）　贰零壹叁年壹拾贰月贰拾陆日　　付款行名称：××××

收款人：广东信诚会计师事务所有限公司　　出票人账号：××××

人民币 (大写)			千	百	十	万	千	百	十	元	角	分
						¥	8	0	0	0	0	0

用途　付评估费

上列款项请从

我账户支付

出票人签章

复核　　　　记账

本支票付款期限十天

业务 46

领 料 单

领料部门：供气车间　　　　　2013 年 12 月 27 日　　　　　编号：××

材料编号	材料名称	规格	单位	请领数量	实发数量	计划价格	
						单价	金额
1514	D 材料	H04	千克	1 200	1 200	5.00	6 000.00

用途	辅助车间用	领料部门		发料部门	
		负责人	领料人	核准人	发料人
		×××	×××	×××	严 实

②交会计

领 料 单

领料部门：销售部门　　　　　2013 年 12 月 27 日　　　　　编号：××

材料编号	材料名称	规格	单位	请领数量	实发数量	计划价格	
						单价	金额
1516	F 材料	H06	把	40	40	30.00	1 200.00

用途	物料消耗	领料部门		发料部门	
		负责人	领料人	核准人	发料人
		×××	×××	×××	严 实

②交会计

领 料 单

领料部门：第二车间　　　　　　2013 年 12 月 27 日　　　　　　编号：××

材料编号	材料名称	规格	单位	请领数量	实发数量	计划价格	
						单价	金额
1517	G材料	H07	吨	60	60	480.00	28 800.00

用途	生产乙产品	领料部门		发料部门	
		负责人	领料人	核准人	发料人
		×××	×××	×××	严 实

②交会计

业务 47

中国工商银行（存款）利息转账专用传票

2013 年 12 月 28 日　　　　　　字第××号

收入利息单位	名称	广东省南华股份有限公司	支付利息单位	名称	工行广州天河北支行
	账号	11475086		账户	×××××

金额	人民币（大写）	肆仟陆佰贰拾陆元伍角整	千	百	十	万	千	百	十	元	角	分
							¥ 4	6	2	6	5	0

计息存贷账户号　　11475086

计息起讫时间 2013.10.1—2013.12.31

计息积数（略）　　利率月息 0.263 2%

备注：存款利息

上列利息金额已如数贷付你单位结算账户。

天河北支行　2013.12.28　转讫

开户银行盖章

主管单位 ×××　　会计 ×××　　复核 ×××　　制单 ×××

业务 48

接受辞退及补偿金额计算表

2013 年 12 月 28 日

职位	姓名	工龄	接受辞退计划职工人数	每人补偿标准	补偿金额
高级技工	陈国海 刘蔚	1~8	2	8 000.00	16 000.00
	…	9~15	1	14 000.00	14 000.00
	…	15 以上	3	22 000.00	66 000.00
一般技工	…	1~8	4	5 000.00	20 000.00
	…	9~15	6	10 000.00	60 000.00
	…	15 以上	1	16 000.00	16 000.00
合计					192 000.00

制表：　　　　　　　　　　主管领导 ×××

注：下月支付。

业务 49

专用收款收据

No062356

收款日期 2013 年 12 月 29 日

现金收讫

付款单位	广州天平有限责任公司	收款单位	广东省南华股份有限公司	收款项目		押金	
人民币（大写）			万 千 百 十 元 角 分	结算方式		现金	
			¥ 4 2 6 0 0 0				
收款事由	出借包装箱，收取包装物押金			部门		销售部	
				人员		×××	
收款单位财会专用章	会计主管	稽核		出纳		交款人	
	×××	×××		×××		×××	

周转材料领料单

领料部门：销售部门　　　　　2013 年 12 月 29 日　　　　　编号：××

材料编号	材料名称	规格	单位	请领数量	实发数量	计划价格	
						单价	金额
2603	包装箱	GZ03	个	150	150	50.00	7 500.00
用途	出借包装箱	领料部门			发料部门		
		负责人	领料人		核准人		发料人
		×××	×××		×××		严实

② 交会计

业务 50

中国工商银行　现金缴款单　1

2013 年 12 月 29 日　　　　　No×××××

收款人	全 称	广东省南华股份有限公司			
	账 号	11475086	款项来源	押金	
	开户行	工行广州天河北支行	交款人	刘飞	

金额大写	（币种）				百 十 万 千 百 十 元 角 分
					¥ 4 2 6 0 0 0

数额	100元	50元	20元	十元	五元	二元	一元	五角	二角	一角	五分	二分	一分	合计金额	收款银行盖章
把卷															现金收讫章
零散张数	42			6										4 260.00	

注：客户未填列币种视为人民币存款，此联由客户填写。每百张（枚）为一把（卷）。

第一联：记账联

业务 51

北京市服务业、娱乐业、文化体育业专用发票

INVOICE

发票代码：×××××××

发票号码：××××

税务登记号：110108645121165000
TAX REGISTRY NO.

密　码　■■■■■■

信息码

收款单位：北京百年咨询公司
PAYEE

0110804050 3999BX12

付款单位（个人）：广东省南华股份有限公司
PAYER

经营项目 SEVICE ITEM	金　额 AMOUNT CHARGED
管理咨询服务费	2 800.00

金额合计（人民币大写）

机打票号：×××××××　　　　　　税控装置号：00002014××

税控装置防伪码：×××××××　　　　开票日期：2013 年 12 月 30 日

收款单位（盖章有效）　　　　　　税控装置打印发票　　　手开无效

第一联：发票联

注：款未付。

业务 52

| ××××××　　　　# 广东增值税专用发票 | | No××××××× |

此联不作报销、抵税凭证使用

开票日期：2013 年 12 月 31 日

| 购货单位 | 名　　称：深圳飞跃有限责任公司
纳税人识别号：440305416486465
地址、电话：深圳市深南大道 303 号　0755—87204403
开户行及账号：工商银行黄冈支行 77894333 | 密码区 | 70359<*8263+8*584
8394<<79483*73864
8792++879-4792-54
<<6849<>*6743 | 加密版本：01
3400044793
02168932 |

货物或应税 劳务名称	规格 型号	单位	数量	单价	金额	税率	税额
丙产品	P03	个	500	80.00	40 000.00	17%	6 800.00
合　计					¥40 000.00		¥6 800.00

| 价税合计(大写) | | （小写）¥46 800.00 |

| 销货单位 | 名　　称：广东省南华股份有限公司
纳税人识别号：440109845689784
地址、电话：广州市沙太南路 113 号　020-87204089
开户行及账号：工行天河北支行 11475086 | 备注 | |

收款人：×××　　　复核：×××　　　开票人：刘 飞　　　销货单位：(章)

第三联：记账联　销货方记账凭证

241

产品出库单

客户名称：深圳飞跃有限责任公司　　　　2013 年 12 月 31 日　　　　　　　编号：×××

名称	规格	计量单位	出库数量	单位成本	总成本	备 注
丙产品	P03	个	500			
合　计						

②会计记账联

财务：×××　　　仓库主管：×××　　　库管理员：孙 力　　　经办人：×××

注：款未收。

业务 53

中国工商银行流动资金还款凭证(回单)

2013 年 12 月 31 日

付款人	名　称	广东省南华股份有限公司	借款人	名　称	广东省南华股份有限公司
	往来户账号	11475086		放款户账号	×××××××
	开户银行	工行天河北支行		开户银行	工行天河北支行

计息起讫日期	2013 年 10 月 1 日至 2013 年 12 月 31 日		借款本金	200 000.00
贷款种类	临时贷款	利率 2.88%	应计利息	1 440.00
还款金额	人民币 (大写)			¥201 440.00
还款内容	三个月短期借款			
备注：			上述借款已从你单位往来账户内转还。 此致！ 银行盖章　2013 年 12 月 31 日	

中国工商银行广州
天河北支行
2013.12.31

中国工商银行 计收利息清单 (付款通知) ③

2013年12月31日

单位名称	广东省南华股份有限公司	账 号	11475086
贷款金额	200 000.00元	计息起讫日期	2013年10月1日至12月31日
计息总积数	600 000.00元	利率 (月)	2.4‰
利息金额 人民币 (大写)		中国工商银行广州 天河北支行 2013.12.31 转讫	¥1 440.00

上述应偿借款利息已从你单位账户划出。

　　　　此致

借款单位　(银行盖章)　　　　　复核：×××　　记账：×××

业务 54

广东省南华股份有限公司工资发放标准

项目	单位	金额	项目	单位	金额
加班津贴	一班次	50.00	经常性奖金	人	200.00~400.00
夜班津贴	一班次	20.00	岗位津贴	人	400.00~800.00
说明	1. 日基本工资计算方法按照每月基本工资除以22天，不分大小月。 2. 职工请事假需要履行手续，每请假一天，扣发一天基本工资。 3. 职工请病假需要医生诊断，按照以下标准扣发日基本工资： 　　工龄5年以下 (含5年)，每天扣日基本工资的60%； 　　工龄5年以上，每天扣日基本工资的20%。 4. 经常性奖金发放办法： 　　出勤在22天以上 (含22天)，全额发放； 　　出勤在22天以下，每缺勤1天，扣20元； 　　出勤在19天以下 (含19天)，当月经常性奖金全免。 5. 每月25日各部门报考勤表。				

应付职工薪酬分配表

2013年12月

编报单位：广东省南华股份有限公司　　　　　　　　　　金额单位：元

应借科目		工资分配计入		合计
		定额工时	分配率	
生产成本——基本 生产成本	乙产品	4 500		
	丙产品	500		
	小　计	5 000		888 170.00

单位负责人：×××　　　　　　　　　　制单：×××

注：分配率计算结果精确到小数点后3位。

245

考勤记录表

部门：第一车间第一小组女工工人

2013年12月22日

序号	姓名	2013年11月22日—2013年12月21日考勤情况																														加班天数	出勤天数	白班	夜班	缺勤情况						
		22	23	24	25	26	27	28	29	30	1	2	3	4	5	6	7	8	9	10	11	12	13	14	15	16	17	18	19	20	21					病假	事假	工伤	产假	探亲	旷工	其他
1	张名	√	√	√	√	√	√	●	●	●	●	●	#	#	√	√	√	√	√	#	#	●	●	●	●	●	#	#	√	√	√	2	24	14	10							
2	李温霞	√	√	√	√	#	#	●	●	●	●	●	#	#	√	√	√	√	√	#	#	●	●	●	●	●	#	#	√	√	√	0	22	12	10							
3	陈翁	√	√	√	√	#	#	●	●	●	●	●	#	#	√	√	√	√	√	#	#	●	●	●	●	●	#	#	√	√	√	—	22	12	10							
4	赵敏尔	√	√	√	√	#	#	●	●	●	●	●	#	#	√	√	√	√	√	#	#	●	●	●	●	●	#	#	√	√	√	—	22	12	10							
5	吴地	√	√	√	√	#	#	●	●	●	●	●	#	#	√	√	√	√	√	#	#	●	●	●	●	●	#	#	√	√	√	—	22	12	10							
6	胡晓	病	病	√	√	#	#	●	●	●	●	●	#	#	√	√	√	√	√	#	#	●	●	●	●	●	#	#	√	√	√	—	20	10	10	2						
7	王肯	√	√	√	√	#	#	●	●	●	●	●	#	#	√	√	√	√	√	#	#	●	●	●	●	●	#	#	√	√	√	—	22	12	10							
8	欧达华	√	√	√	√	#	#	●	●	●	●	●	#	#	√	√	√	√	√	#	#	●	●	●	●	●	#	#	√	√	√	—	22	12	10							
9	袁余桑	√	√	√	√	#	#	●	●	●	●	●	#	#	√	√	√	√	√	#	#	●	●	●	●	●	#	#	√	√	√	—	22	12	10							
10	孙国庆	事	√	√	√	#	#	●	●	●	●	●	#	#	√	√	√	√	√	#	#	●	●	●	●	●	#	#		√	√	—	21	11	10		1					

审核人：×××　　　　考勤员：×××

说明：事假（事）、病假（病）、工伤（工）、探亲（探）、产假（产）、旷工（旷）、白班（√）、夜班（#）、公休（●）

247

班组应付职工薪酬结算表

部门：第一车间第一小组 班组负责人
2013 年 12 月 22 日
单位：元

序号	姓名	工龄	基本工资	岗位津贴	奖金	房贴	日基本工资	夜班津贴 天数	夜班津贴 金额	加班津贴 天数	加班津贴 金额	病假扣工资 天数	病假扣工资 金额	事假扣工资 天数	事假扣工资 金额	应扣奖金	应付职工薪酬
1	张名	12	1 200.00	800.00	350.00	150.00	54.55	10	200.00								
2	李温霞	16	1 500.00	600.00	350.00	150.00	68.18	10	200.00								
3	陈翁	8	700.00	600.00	300.00	150.00	31.82	10	200.00								
4	赵敏尔	8	640.00	600.00	300.00	150.00	29.09	10	200.00								
5	吴地	7	500.00	600.00	300.00	150.00	22.73	10	200.00								
6	胡晓	4	440.00	600.00	300.00	150.00	20.00	10	200.00								
7	王肯	4	400.00	600.00	250.00	100.00	18.18	10	200.00								
8	欧达华	3	400.00	600.00	250.00	100.00	18.18	10	200.00								
9	袁余柔	7	600.00	600.00	300.00	150.00	27.27	10	200.00								
10	孙国庆	10	660.00	600.00	200.00	100.00	30.00	10	200.00								
	合计																

单位负责人：×××　　　　　　　　　　制单：×××

第一车间应付职工薪酬汇总表

部门：第一车间

2013 年 12 月

单位：元

车间人员		人数	基本工资	岗位津贴	奖金	房贴	工资性津贴		应扣工资余奖金			应付职工薪酬
车间	人员						夜班	加班	病假	事假	奖金	
第一车间	生产工人											
	第一小组											
	第二小组	120.00	96 000.00	78 000.00	36 000.00	18 000.00	13 640.00	1 300.00	2 600.00	3 500.00	6 920.00	229 920.00
	第三小组	115.00	86 250.00	74 750.00	34 500.00	17 250.00	11 000.00	1 250.00	2 100.00	2 500.00	4 640.00	215 760.00
	小计											
	管理人员	30.00	60 000.00	24 000.00	12 000.00	12 000.00	8 000.00	4 000.00	1 000.00	600.00	400.00	118 000.00
	合计	275.00	249 290.00	182 950.00	85 400.00	48 600.00	34 640.00	6 650.00	5 724.00	6 630.00	12 020.00	583 156.00

单位负责人：×××　　　制单：×××

广东省南华股份有限公司应付职工薪酬汇总表

2013 年 12 月

编报单位：广东省南华股份有限公司　　　　金额单位：元

部门	人员	人数	基本工资	岗位津贴	奖金	房贴	工资性津贴		应扣工资奖金			应付职工薪酬
							夜班	加班	病假	事假	奖金	
一车间	甲产品生产工人 管理人员	30	60 000.00	24 000.00	12 000.00	12 000.00	8 000.00	4 000.00	1 000.00	600.00	400.00	118 000.00
二车间	乙产品生产工人	468	365 040.00	297 432.00	21 627.00	70 200.00	46 836.00	6 282.00	4 059.00	2 412.00	1 593.00	
	丙产品生产工人	52	40 560.00	33 048.00	2 403.00	7 800.00	5 204.00	698.00	451.00	268.00	177.00	
	生产工人小计	520	405 600.00	330 480.00	24 030.00	78 000.00	52 040.00	6 980.00	4 510.00	2 680.00	1 770.00	888 170.00
	管理人员	30	54 000.00	24 000.00	12 000.00	12 000.00	4 000.00	800.00	400.00	200.00	200.00	106 000.00
供热车间	生产工人	20	16 000.00	6 000.00	5 000.00	3 000.00	1 600.00	800.00	500.00	200.00	300.00	31 400.00
供气车间	生产工人	17	13 600.00	5 100.00	4 250.00	2 550.00	1 300.00	540.00	500.00	200.00	300.00	26 340.00
	销售部门	50	70 000.00	40 000.00	20 000.00	20 000.00	1 300.00	1 500.00	500.00	200.00	300.00	151 800.00
	管理部门	31	74 400.00	31 000.00	12 400.00	18 600.00	1 400.00	1 600.00	0	200.00	300.00	138 900.00
	合计	943	882 890.00	619 530.00	163 080.00	182 750.00	96 280.00	18 870.00	12 134.00	10 310.00	15 190.00	1 925 766.00

单位负责人：××× 　　　制单：×××

253

业务 55

编报单位：广东省南华股份有限公司

广东省南华股份有限公司"五险一金"计提表

2013 年 12 月

金额单位：元

| 分配对象 | | 应付职工薪酬分配金额 | 按照应付职工薪酬计算提取"五险" | | | | | 小计(20%) | 住房公积金(12%) | 合计(32%) |
部门	对象		医疗保险(8%)	失业保险(2%)	养老保险(8%)	生育保险(1%)	工伤保险(1%)			
第一车间	甲—工人	118 000.00	9 440.00	2 360.00	9 440.00	1 180.00	1 180.00	23 600.00	14 160.00	37 760.00
	管理人员	799 353.00	63 948.24	15 987.06	63 948.24	7 993.53	7 993.53	159 870.60	95 922.36	255 792.96
第二车间	乙—工人	88 817.00	7 105.36	1 776.34	7 105.36	888.17	888.17	17 763.40	10 658.04	28 421.44
	丙—工人	106 000.00	8 480.00	2 120.00	8 480.00	1 060.00	1 060.00	21 200.00	12 720.00	33 920.00
	管理人员	465 156.00	37 212.48	9 303.12	37 212.48	4 651.56	4 651.56	93 031.20	55 818.72	148 849.92
供热车间		31 400.00	2 512.00	628.00	2 512.00	314.00	314.00	6 280.00	3 768.00	10 048.00
供气车间		26 340.00	2 107.20	526.80	2 107.20	263.40	263.40	5 268.00	3 160.80	8 428.80
销售部门		151 800.00	12 144.00	3 036.00	12 144.00	1 518.00	1 518.00	30 360.00	18 216.00	48 576.00
管理部门		138 900.00	11 112.00	2 778.00	11 112.00	1 389.00	1 389.00	27 780.00	16 668.00	44 448.00
合　计		1 925 766.00	154 061.28	38 515.32	154 061.28	19 257.66	19 257.66	385 153.20	231 091.92	616 245.12

单位负责人：×××　　制单：×××

注：为简化，假设计提部分全部由单位负担。

255

业务 56

广东省南华股份有限公司扣缴个人所得税汇总表

2013 年 12 月 金额　　　　　　　　　　　　　　　单位：元

部门		应付职工薪酬	代扣个人所得税
第一车间	甲产品工人	465 156.00	14 672.40
	管理人员	118 000.00	7 636.20
第二车间	乙产品工人	799 353.00	14 672.40
	丙产品工人	88 817.00	2 120.00
	管理人员	106 000.00	9 836.20
供热车间		31 400.00	9 754.30
供气车间		26 340.00	8 036.20
销售部门		151 800.00	7 836.20
管理部门		138 900.00	3 918.10
合　计		1 925 766.00	78 482.00

单位负责人： ×　×　× 　　　　　　　　　　　　　　制单：

职工福利费、工会经费、教育经费汇总表

2013 年 12 月

编报单位：广东省南华股份有限公司　　　　　　　　　　金额单位：元

分配对象		应付职工薪酬分配金额	实际发生的职工福利费用	应计提工会经费（2%）	应计提职工教育经费费用（2.5%）
部门	对象				
第一车间	甲产品工人	465 156.00	46 515.60		
	管理人员	118 000.00	11 800.00		
第二车间	乙产品工人	799 353.00	79 935.30		
	丙产品工人	88 817.0	8 881.70		
	管理人员	106 000.00	10 600.00		
供热车间		31 400.00	3 140.00		
供气车间		26 340.00	2 634.00		
销售部门		151 800.00	15 180.00		
管理部门		138 900.00	13 890.00		
合　计		1 925 766.00	192 576.60		

单位负责人： ×　×　× 　　　　　　　　　　　　　　制单：

注：计算结果精确到小数点后 2 位。应付中新百货公司的职工福利品费用尚未支付，所附原始单据略。

业务 57

广东省广州市国家税务局通用机打发票

发票代码××××

开票日期：2013 年 12 月 31 日　　　行业分类：商业　　　　　发票号码××××

客户名称：广东省南华股份有限公司
客户地址：广州市天河区沙太南路 113 号

项目	单位	数量	单价	金额
文件夹	个	50	4.00	200.00

合计：贰佰元整　　　　　　　　　　　　　　　　　¥200.00

开票人：×××　　　收款人：×××　　　开票单位(盖章)：

广东省广州市国家税务局通用机打发票

现金付讫

发票代码××××

开票日期：2013 年 12 月 31 日　　　行业分类：商业　　　　　发票号码××××

客户名称：广东省南华股份有限公司
客户地址：广州市天河区沙太南路 113 号

项目	单位	数量	单价	金额
笔	支	100	2.50	250.00

合计：贰佰伍拾元整　　　　　　　　　　　　　　　¥250.00

开票人：×××　　　收款人：×××　　　开票单位(盖章)：

广州市好信誉百货公司
140101234621329
发票专用章

259

固定资产折旧提取计算表

2013 年 12 月 31 日

金额单位：元

使用部门	固定资产类别	上月应计提折旧固定资产原值	年折旧率	月折旧额	上月增加固定资产原值	月折旧率	月折旧额	上月减少固定资产原值	月折旧率	月折旧额	本月折旧额
第一车间	厂房－A	3 600 000.00	1.960%			—	—	—	—	—	
	生产线－甲	1 200 000.00	9.800%			—	—	—	—	—	
	小计	4 800 000.00	—			—	—	—	—	—	
第二车间	厂房－B	2 400 000.00	1.960%			—	—	—	—	—	
	生产线－乙	1 000 000.00	9.800%			—	—	—	—	—	
	小计	3 400 000.00	—			—	—	—	—	—	
辅助车间 —供热	厂房－C	140 000.00	1.960%			—	—	—	—	—	
	设备－甲	60 000.00	9.800%			—	—	—	—	—	
	小计	200 000.00	—			—	—	—	—	—	
辅助车间 —供气	厂房－D	100 000.00	1.960%			—	—	—	—	—	
	设备－乙	200 000.00	9.800%			—	—	—	—	—	
	小计	300 000.00	—			—	—	—	—	—	
管理部门	办公室－E	1 600 000.00	1.960%			—	—	—	—	—	
	小轿车	300 000.00	9.800%			—	—	—	—	—	
	小计	1 900 000.00	—			—	—	—	—	—	
销售部门	办公室－F	1 200 000.00	1.960%			—	—	—	—	—	
	货车	200 000.00	9.800%			—	—	—	—	—	
	小计	1 400 000.00	—			—	—	—	—	—	
合 计		12 000 000.00	—			—	—	—	—	—	

复核：× × ×   制表：张 林

注：尾差计入厂房 D。

业务 59

原材料成本差异率计算表

2013 年 12 月　　　　超支：（+）　　　节约：（一）

类　别	月初结存		本月收入		合计		成本差异率(％)
	计划成本	成本差异	计划成本	成本差异	计划成本	成本差异	
原材料							
合计							

会计主管：×××　　　　　复核：×××　　　　　制表：×××

注：成本差异率精确到小数点后 3 位。

原材料发出汇总表

2013 年 12 月 31 日　　　　　　　　　　　单位：元

领用部门以及用途		计划成本	差异额	实际成本	备注
第一车间	甲产品				
	一般消耗				
第二车间	乙产品				
	丙产品				
	一般消耗				
辅助车间	供热车间				
	供气车间				
销售部门	对外销售				
	物料消耗				
管理部门					
合计					

会计主管：×××　　　　　复核：×××　　　　　制表：

业务60

周转材料摊销汇总表

2013年12月31日　　　　　　　　单位：元

领用部门		工作服	专用工具	包装箱
		一次摊销法	一次摊销法	五五摊销法
第一车间	本月领用实际成本	—		
	本月报废实际成本	—	—	
	本月摊销额	—		
第二车间	本月领用实际成本		—	
	本月报废实际成本	—		—
	本月摊销额			—
销售部门	本月领用实际成本			
	本月报废实际成本			
	本月摊销额			
合计				

会计主管：×××　　　　　复核：×××　　　　　制表：

业务61

存货盘点报告表

单位名称：广东省南华股份有限公司　　　2013年12月31日　　　单位：元

名称	规格型号	单位	计划单价	实存		账存		盘亏		盘盈		原因
				数量	金额	数量	金额	数量	金额	数量	金额	
A	H01	千克	11.00	6 210	68 310.00			—				平时发出计量误差造成，冲减管理费用
B	H02	千克	20.00	22 680	453 600.00					—		保管员保管不善被盗，由其赔偿

盘点人签名：×××　　　　保管人签名：严实　　　　主管领导：×××

265

盘盈材料成本差异计算表

2013 年 12 月 31 日

盘盈材料名称	A 材料
盘盈材料的计划成本	110.00 元
材料成本差异	1.98
实际成本	
待处理财产损溢	

制表： 主管领导：×××

注：根据市场价格情况给定盘盈材料成本差异。

盘亏材料成本差异计算表

2013 年 12 月 31 日

盘盈材料名称	B 材料
盘盈材料的计划成本	400.00 元
材料成本差异率	1.803 %
实际成本	
增值税税率	17 %
应转出进项税额	
待处理财产损溢	

制表： 主管领导：×××

注：为了简化，盘亏材料成本差异按本月计算的材料成本差异率结转。

业务 62

广东增值税专用发票

×××××× No××××××

开票日期：2013 年 12 月 30 日

购货单位	名　　　称：广东省南华股份有限公司 纳税人识别号：440109845689784 地址、电话：广州市沙太南路 113 号　020-87204089 开户行及账号：工行天河北支行　11475086	密码区	70359<*8263+8*582 8394<<79483*73864 8792++879-4792-54 <<6849<>*6743	加密版本：01 3400044792 02168932

货物或应税 劳务名称	规格 型号	单位	数量	单价	金额	税率	税额
电		度	54 000	0.61	32 940.00	17%	5 599.80
合　计					¥ 32 940.00		¥ 5 599.80

价税合计（大写）		(小写) ¥ 38 539.80

销货单位	名　　　称：广东省电网公司广州供电局 纳税人识别号：440106734919755 地址、电话：广州市天河区××路××号　020-87204000 开户行及账号：建行广州××支行　6987546	备注	款项已付。 广东省电网公司广州供电局 440106734919755 发票专用章

收款人：×××　　复核：×××　　开票人：文光会　　销货单位：（章）

第二联：发票联　购货方记账凭证

267

托 收 凭 证 (付款通知)　5

委托日期 2013 年 12 月 30 日　　付款期限　2013 年 12 月 31 日

业务类型	委托收款(□邮划、☑电划)　托收承付(□邮划、□电划)			

收款单位	全　称	广东省电网公司广州供电局	付款单位	全　称	广东省南华股份有限公司
	账号或地址	6987546		账号或地址	11475086
	开户银行	建行广州××支行		开户银行	工行广州天河北支行

委收金额	人民币(大写)		千	百	十	万	千	百	十	元	角	分
						￥	3	8	5	3	9	8	0

款项内容	电费	委托收款凭据名称	增值税专用发票	附寄单证张数	壹张

商品发运情况	××	合同名称号码	××××××××

备注：

中国工商银行广州
天河北支行
2013.12.31
转讫

付款人开户银行收到日期
2013 年 12 月 30 日
复核　记账

收款人开户银行签章
2013 年 12 月 31 日

付款人注意：
1. 根据结算办法，上列委托收款，如在付款期限内未拒付，即视同全部同意付款，以此联代付款通知。
2. 如需提出全部或部分拒付，应在付款期限内，将拒绝付款理由书送银行办理，并附债务证明退交给开户行。

此联是付款人开户银行给付款人按期付款的通知

电费分配表

2013 年 12 月

项目	金额(元)	计入科目
甲产品	7 620.00	
乙产品	8 100.00	
丙产品	1 080.00	
第一车间	2 000.00	
第二车间	4 140.00	
供热车间	3 000.00	
供气车间	2 000.00	
销售部	3 000.00	
办公室	2 000.00	
合　计	32 940.00	—

复核：×××　　　　制单：×××

269

托收凭证(付款通知)　5

委托日期 2013 年 12 月 30 日　　付款期限　2013 年 12 月 31 日

业务类型	委托收款(□邮划、☑电划)　托收承付(□邮划、□电划)														
收款单位	全　称	广州自来水公司		付款单位	全　称	广东省南华股份有限公司										
	账　号或地址	45897865			账　号或地址	11475086										
	开户银行	工行广州××支行			开户银行	工行广州天河北支行										

委收　人民币金额　（大写）		千	百	十	万	千	百	十	元	角	分
				¥	5	0	8	8	0	0	0

款项内容	水费	委托收款凭据名称	增值税专用发票	附寄单证张数	壹张

商品发运情况	××	合同名称号码	××××××××

备注：

中国工商银行广州
天河北支行
2013.12.31
转讫

付款人开户银行签章
2013 年 12 月 30 日
复核　记账

收款人开户银行签章
2013 年 12 月 31 日

付款人注意：
1. 根据结算办法，上列委托收款，如在付款期限内未拒付，即视同全部同意付款，以此联代付款通知。
2. 如需提出全部或部分拒付，应在付款期限内，将拒绝付款理由书送银行办理，并附债务证明退交给开户行。

此联是付款人开户银行给付款人按期付款的通知

水费分配表

2013 年 12 月

项目	金额(元)	计入科目
甲产品	9 000.00	
乙产品	10 000.00	
丙产品	3 000.00	
第一车间	3 500.00	
第二车间	1 500.00	
供热车间	6 000.00	
供气车间	2 000.00	
销售部	6 000.00	
办公室	7 000.00	
合　计	48 000.00	—

制单：×××　　　　　　复核：×××

广东增值税专用发票

开票日期：2013 年 12 月 30 日

购货单位	名　　　称：广东省南华股份有限公司	密码区	70359<＊8263+8＊586 8394<<79483＊73864 8792++879-4792-54 <<6849<>＊6747	加密版本：01 3400044792 02168934
	纳税人识别号：440109845689784			
	地址、电话：广州市沙太南路 113 号　020-872040889			
	开户行及账号：工行天河北支行　11475086			

货物或应税劳务名称	规格型号	单位	数量	单价	金额	税率	税额
水		m³	15 000	3.20	48 000.00	6%	2 880.00
合　　计					￥48 000.00		￥2 880.00

价税合计（大写）		（小写）￥50 880.00

销货单位	名　　　称：广东省广州自来水公司	备注	款项已付。
	纳税人识别号：440106734919789		广东省广州自来水公司 440106734919789 发票专用章
	地址、电话：广州市天河区××路××号　020-87204000		
	开户行及账号：工行广州××支行　45897865		

收款人：×××	复核：×××	开票人：文正光	销货单位：（章）

业务 63

辅助生产成本分配表

2013 年 12 月 31 日　　　　　　车间：供热车间

受益部门	工时	分配率	分配额
第一车间			
其中：甲产品生产	1 200		
一般消耗	200		
第二车间			
其中：乙产品生产	1 000		
丙产品生产	200		
一般消耗	300		
销售部门	100		
管理部门	200		
合　　计	3 200		

会计主管：×××　　　　　　复核：×××　　　　　　制表：

注：采用直接分配法。分配率精确到小数点后 3 位，计算产生的尾差计入管理费用。

业务 64

辅助生产成本分配表

2013 年 12 月 31 日　　　　　　　　　　车间：供气车间

受益部门	数量	分配率	分配额
第一车间			
其中：甲产品生产	800		
一般消耗	200		
第二车间			
其中：乙产品生产	900		
丙产品生产	300		
一般消耗	400		
销售部门	100		
管理部门	100		
合　　计	2 800		

会计主管：×××　　　　　　　复核：×××　　　　　　制表：

注：采用直接分配法。分配率精确到小数点后 3 位，计算产生的尾差计入管理费用。

业务 65

制造费用分配表

2013 年 12 月 31 日

产品名称	生产工时（小时）	分配率	分配金额
甲产品	3 000		
合　　计	3 000		

会计主管：×××　　　　　　　复核：×××　　　　　　制表：

制造费用分配表

2013 年 12 月 31 日

产品名称	生产工时（小时）	分配率	分配金额
乙产品	4 500		
丙产品	500		
合　　计	5 000		

会计主管：×××　　　　　　　复核：×××　　　　　　制表：

注：分配率精确到小数点后 3 位，分配金额精确到小数点后 2 位。

业务 66

甲产品成本计算单

2013 年 12 月 31 日 　　　　　　　　　　　单位：元

项　目	直接材料	直接人工	制造费用	合　计
月初在产品成本				
本月：材料耗用				
分配生产工人薪酬				
分配水电费				
分配辅助生产成本				
分配制造费用				
生产费用合计				
结转本月完工产品成本				
月末在产品成本				

会计主管：××× 　　　　　　　复核：××× 　　　　　　　制表：

甲产品本月完工产品和月末在产品费用分配表

2013 年 12 月 31 日 　　　　　　　　　　　单位：元

项　目		直接材料	直接人工	制造费用	合　计
	生产费用合计				
生产量	本月完工产品数量				
	月末在产品数量				
	月末在产品完工程度				
	月末在产品约当产量				
	生产量小计				
费用分配率（完工产品单位成本）					
本月完工产品总成本					
月末在产品成本					

会计主管：××× 　　　　　　　复核：××× 　　　　　　　制表：

注：分配率精确到小数点后 3 位，计算产生的尾差计入月末在产品成本。

乙产品成本计算单

2013 年 12 月 31 日 单位：元

项　目	直接材料	直接人工	制造费用	合　计
月初在产品成本				
本月：材料耗用				
分配生产工人薪酬				
分配水电费				
分配辅助生产成本				
分配制造费用				
生产费用合计				
结转本月完工产品成本				
月末在产品成本				

会计主管：×××　　　　　　　　复核：×××　　　　　　　　制表：

乙产品本月完工产品和月末在产品费用分配表

2013 年 12 月 31 日 单位：元

项　目		直接材料	直接人工	制造费用	合　计
生产费用合计					
生产量	本月完工产品数量				
	月末在产品数量				
	月末在产品完工程度				
	月末在产品约当产量				
	生产量小计				
费用分配率（完工产品单位成本）					
本月完工产品总成本					
月末在产品成本					

会计主管：×××　　　　　　　　复核：×××　　　　　　　　制表：

注：分配率精确到小数点后 3 位，计算产生的尾差计入月末在产品成本。

丙产品成本计算单

2013 年 12 月 31 日　　　　　　　　　单位：元

项　目	直接材料	直接人工	制造费用	合　计
月初在产品成本				
本月：材料耗用				
分配生产工人薪酬				
分配水电费				
分配辅助生产成本				
分配制造费用				
生产费用合计				
结转本月完工产品成本				
月末在产品成本				

会计主管：××× 　　　　　　复核：××× 　　　　　　制表：

丙产品本月完工产品和月末在产品费用分配表

2013 年 12 月 31 日　　　　　　　　　单位：元

项　目		直接材料	直接人工	制造费用	合　计
生产费用合计					
生产量	本月完工产品数量				
	月末在产品数量				
	月末在产品完工程度				
	月末在产品约当产量				
	生产量小计				
费用分配率（完工产品单位成本）					
本月完工产品总成本					
月末在产品成本					

会计主管：××× 　　　　　　复核：××× 　　　　　　制表：

注：分配率精确到小数点后 3 位，计算产生的尾差计入月末在产品成本。

产 品 入 库 单

交库单位：第一、第二车间　　　　　年　　月　　日　　　　　　编号：×××

名称规格	单位	交验数量	检验结果（数量）		实收数量	单位成本	总成本	备注
			合格	不合格				
甲产品 P01	个			0				
乙产品 P02	个			0				
丙产品 P03	个			0				
合计								

仓库管理员：孙 力　　　　　校验人：×××　　　　　经办人：×××

②会计记账联

业务 67

固定资产减值准备计算表

2013 年 12 月 31 日

固定资产名称	固定资产账面价值	可回收金额	应计提固定资产减值准备
检测仪		100 930.00	
合计		100 930.00	

制表：　　　　　主管领导：×××

注：假设其他资产均未发生减值。

业务 68

存货跌价准备计提表

2013 年 12 月 31 日

材料名称	数量	单位	计划成本	成本差异率	成本差异	实际成本	可变现净值	应计提的存货跌价准备	备注
A 材料							79 060.00		
B 材料							495 060.00		
C 材料							375 080.00		
D 材料							973.46		
E 材料							8 341.34		
F 材料							760.00		
G 材料							95 060.00		
合　计	—	—	—	—	—	—	—		

制表：　　　　　主管领导：×××

注：精确到小数点后 2 位。

283

业务 69

无形资产摊销表

2013 年 12 月 31 日

无形资产	本月摊销金额	未摊销金额
专利权		
商标		
合 计		

制表：　　　　　　　　　　　　　主管领导：×××

业务 70

借款应付利息计算表

2013 年 12 月 31 日

贷款项目	贷款期限	本金	年利率	月提取额
合 计	—	—	—	

单位主管：×××　　　会计：×××　　　复核：×××　　　制单：×××

注：贴现票据，不计算利息。

应付债券应计利息计算表

2013 年 12 月 31 日

贷款项目	贷款期限	本金	年利率	月提取额
合 计	—	—	—	

单位主管：×××　　　会计：×××　　　复核：×××　　　制单：×××

注：为简化，假设全部利息资本化。

增 值 税 纳 税 申 报 表

(适用于增值税一般纳税人)

根据《中华人民共和国增值税暂行条例》第二十二条和第二十三条的规定制定本表。纳税人不论有无销售额，均应按主管税务机关核定的纳税期限按期填报本表，并于规定期内，向当地税务机关申报纳税并结清上月应纳税款。

税务所属时间：自　年　月　日至　年　月　日　　　填表日期：　年　月　日　金额单位：元（列至角分）

纳税人识别号								所属行业：		
纳税人名称	（公章）		法定代表人姓名		注册地址			营业地址		
开户银行及账号			企业登记注册类型			电话号				

项目	栏次	一般货物及劳务		即征即退货物及劳务	
		本月数	本年累计	本月数	本年累计
销售额	（一）按适用税率征税货物及劳务销售额	1				
	其中：应税货物销售额	2				
	应税劳务销售额	3				
	纳税检查调整的销售额	4				
	（二）按简易征收办法征税货物销售额	5				
	其中：纳税检查调整的销售额	6				
	（三）免、抵、退办法出口货物销售额	7		—	—
	（四）免税货物及劳务销售额	8				
	其中：免税货物销售额	9				
	免税劳务销售额	10				
税款计算	销项税额	11				
	进项税额	12				
	上期留抵税额	13		—	—
	进项税额转出	14				
	免抵货物应退税额	15		—	—
	按适用税率计算的检查应补税额	16				
	应抵扣税额合计	17=12+13-14-15+16		—	—
	实际抵扣税额	18（如17<11，则为17，否则为11）				
	应纳税额	19=11-18				
	期末留抵税额	20=17-18				
	简易征收办法计算的应纳税额	21				
	简易征收办法计算的查补应纳税额	22				
	应纳税额减征额	23				
	应纳税额合计	24=19+21-23				
税款缴纳	期初未缴税额（多缴为负数）	25				
	实收出口开具专用缴款书退税额	26		—	—
	本期已缴税额	27=28+29+30+31				
	①分次预缴税额	28				
	②出口开具专用缴款书预缴税额	29				
	③本期缴纳上期应纳税额	30				
	④本期缴纳欠缴税额	31				
	期末未缴税额（多缴为负数）	32=24+25+26-27				
	其中：欠缴税额（≥0）	33=25+26-27		—	—
	本期应补（退）税额	34=24-28-29				
	即征即退实际退税额	35	—	—		
	期初未缴查补税额	36		—	—
	本期入库查补税额	37		—	—
	期末未缴查补税额	38=16+22+36-37				

授权声明	如果你已委托代理人申报，请填写下列资料： 　　为代理一切税务事宜，现授权 ＿＿＿＿＿＿＿ （地址）＿＿＿＿＿＿＿＿为本纳税人的代理申报人，任何与本申报表有关的往来文件，都可寄予此人。 　　　　　　　　　　　　　授权人签章：	申报人声明	此纳税申报表是根据《中华人民共和国增值税暂行条例》的规定填报的，我确信它是真实的、可靠的、完整的。 　　　　　　声明人签字：

业务 72

其他应税消费品消费税纳税申报表

税款所属期：　　年　　月　　日至　　年　　月　　日

纳税人名称（公章）：　　　　纳税人识别号：

填表日期：　　年　　月　　日　　　　　　　　　　　　　　金额单位：元（列至角分）

项目 应税消费品名称	适用税率	销售数量	销售额	应纳税额
合计	—	—	—	

本期准予抵减税额：

本期减(免)税额：

期初未缴税额：

本期缴纳前期应纳税额：

本期预缴税额：

本期应补(退)税额：

期末未缴税额：

声　明

此纳税申报表是根据国家税收法律的规定填报的，我确定它是真实的、可靠的、完整的。

经办人（签章）：×××

财务负责人（签章）：李营

联系电话：020-87204089

（如果你已委托代理人申报,请填写）

授权声明

为代理一切税务事宜，现授权＿＿＿＿＿＿＿＿

＿＿＿＿（地址）＿＿＿＿＿＿＿＿＿＿＿＿为

本纳税人的代理申报人，任何与本申报表有关的往来文件，都可寄予此人。

授权人签章：

以下由税务机关填写

受理人（签章）：　　　　受理日期：　　年　　月　　日　　　　受理税务机关（章）：

业务 73

坏账准备计提计算表

2013 年 12 月 31 日

应收款项种类	年末余额	计提比例	计提前"坏账准备"的借方余额	计提前"坏账准备"的贷方余额	本期应计提的坏账准备
应收账款		0.5%			
其他应收款		0.5%			
合计					

会计主管：×××　　　　复核：×××　　　　制表：

289

业务 74

交易性金融资产公允价值损益计算表

2013 年 12 月 31 日

账面价值	公允价值	公允价值变动损益
	450 000.00	
合 计		

会计主管：×××　　　　复核：×××　　　　　　制表：

注：为简化，不分明细按大类核算。

业务 75

无形资产减值准备计算表

2013 年 12 月 31 日

项　　目	账面价值	可收回金额	计提减值准备金额	计入科目	对应科目
专利权		480 000.00	—	—	—
商　标		93 514.18			
合　计					

会计主管：×××　　　　复核：×××　　　　　　制表：

业务 76

城建税及教育费附加计算表

2013 年 12 月 31 日

计税依据	本期增值税	本期消费税	城建税税率	教育费附加税率	地方教育费附加税率	应纳税额
城建税			7%			
教育费附加				3%		
地方教育费附加					2%	
合计	—	—	—	—	—	

单位主管：×××　　　　复核：×××　　　　　　制表：

注：计算结果精确到小数点后 2 位。

291

主营业务成本计算单

2013 年 12 月 31 日

产品种类	月初存货成本			本期完工产品成本			已售产品成本			期末存货成本		
	数量	单位成本	成本总额	数量	单位成本	成本总额	数量	单位成本	成本总额	数量	单位成本	成本总额
甲产品												
乙产品												
丙产品												
合　计												

会计主管：×××　　　　　复核：×××　　　　　　　制表：

注：尾差由发出产品成本负担。单位成本保留小数点后 2 位。

库存商品出库单汇总表

2013 年 12 月 31 日

名　称	编　号	计量单位	数　量	单位成本	金　额
甲产品	P01	个			
乙产品	P02	个			
丙产品	P03	个			
合　计					

会计主管：×××　　　　　复核：×××　　　　　　　制表：

费用类科目的本月净发生额

2013 年 12 月 31 日

科目名称	借方
合　计	

会计主管：×××　　　　　复核：×××　　　　　　　制表：

业务 79

收入科目的本月净发生额

2013 年 12 月 31 日

科目名称	贷方
合　计	

会计主管：××× 　　　　复核：××× 　　　　制表：

业务 80

所得税计算表

2013 年 12 月 31 日

项　目	金　额
税前会计利润	
加：永久性差异	0
减：时间性差异	0
应税所得额	
所得税税率	
本期应交所得税	
本期所得税费用	

会计主管：××× 　　　　复核：××× 　　　　制表：

注：①企业所得税按季度申报。

②为简化，假设不存在纳税调整项目，直接按利润总额计算本季度企业所得税。

业务 81

"本年利润"账户的全年度发生额情况表

2013 年 12 月 31 日

账户名称	借方累计发生额	贷方累计发生额	应转入利润分配金额
本年利润			

会计主管：××× 　　　　复核：××× 　　　　制表：

业务 82

利润分配计算表

2013 年 12 月 31 日

项目名称	可供分配的金额	分配比例	分配金额
法定盈余公积			
任意盈余公积			
支付股利			
合　计			

会计主管：×××　　　　　复核：×　×　× 　　　　　　　制表：

注：1—9 月份可供分配的利润由企业概况部分计算可得。

广东省南华股份有限公司利润分配决议

　　经董事会会议决定，2013 年利润分配方案为：按净利润 10%提取法定盈余公积金，按净利润 5%提取任意盈余公积，按净利润 20%向投资者分派现金股利。（其他略）

2013 年 12 月 31 日

业务 83

利润分配各科目的本年发生额

2013 年 12 月 31 日

科目名称	借　方	贷　方
提取法定盈余公积		
提取任意盈余公积		
应付股利		
合　计		

会计主管：×××　　　　　复核：×　×　× 　　　　　　　制表：

注："未分配利润"除外。

业务 84

中国工商银行广州天河北支行对账单

2013 年 12 月

户名：*广东省南华股份有限公司*　　　　　　　　　　币种：人民币　　　单位：元

开户行：*广州天河北支行*　　　　账号：*11475086*

月	日	凭证号	摘要	交易代码	借方	贷方	余额
12	1		月初余额	××××			
	1	3	收押金、租金	××××		4 000.00	
	1	4	发行债券	××××		10 000 000.00	
	1	5	高管房补	××××	1 500.00		
	2	6	拨缴工会经费	××××	62 196.40		
	2	7	E 材料货款	××××	28 004.97		
	4	11	代销货款	××××		134 400.00	
	4	12	付保险费	××××	7 886.00		
	5	14	提现	××××	2 500.00		
	6	15	买天天股份	××××	243 000.00		
	6	16	销售乙产品	××××		936 000.00	
	6	16	付运费	××××	1 285.39		
	7	18	退材料款	××××		11 700.00	
	7	19	G 材料货款	××××	41 633.70		
	9	20	印花税	××××	2 502.00		
	10	21	交上月税费	××××	606 685.71		
	12	24	卖东山股份	××××		108 630.00	
	14	28	债务重组	××××		250 000.00	
	14	29	付工资	××××	1 853 538.00		
	15	32	广告费	××××	8 400.00		
	17	34	提现	××××	2 000.00		
	18	35	购检测仪	××××	119 168.54		
	19	36	销售甲产品	××××		1 404 000.00	
	19	37	销售乙产品	××××		2 340 000.00	
	21	39	购发票	××××	120.00		
	22	40	检测仪安装费	××××	1 000.00		
	23	41	长期股权投资	××××	1 000 000.00		
	24	42	贴现	××××		3 460 860.00	
	25	43	付前欠货款	××××	123 000.00		
	25	44	付租赁费	××××	120 000.00		
	26	46	付评估费	××××	800.00		
	28	47	利息收入	××××		4 626.50	
	29	50	存现金	××××		4 260.00	
	31	54	归还短期借款	××××	201 440.00		
	31	63	电费	××××	38 539.80		
	31	64	水费	××××	50 880.00		
			合计				

注：对账单借贷方向与企业相反。

299

银行存款余额调节表

账户：　　　　　　　　　　　　　　　　2013 年 12 月　　　　　　　　　　单位：元

项　　目	金　　额	项　　目	金　　额
企业银行存款日记账余额		银行对账单余额	
加：银行已收、企业未收款		加：企业已收、银行未收款	
减：银行已付、企业未付款		减：企业已付、银行未付款	
调节后余额		调节后余额	

财务主管：　　　　　　　　　　　　　　　　　　　　　　　制表：

业务 85　编制资产负债表（略）

业务 86　编制利润表（略）

业务 87　所有者权益变动表（略）